念仏の道ヨチヨチと

小島康誉

東方出版

念仏の道ヨチヨチと

序

水谷幸正

すごい。ほんもの。この二つの言葉が頭をよぎる。小島さんから序文をかけ、と依頼されたときの直感。二十年以上のおつき合い。しかもかなり親しい間がら。であればこそ、業績、お人がらについて書き出せばキリがない。小島さんの心柱が本書に凝縮されている、といってもよい。味読して頂くための参考になれば、とその一端を付言するにとどめておく。

現在、数多くの有名な高僧が仰がれている。わたくしがひそかに尊敬してやまない僧侶も多い。しかし、寡聞にして小島さんほどの僧侶は知らない。いわゆる高僧ではない。清僧、聖僧でもない。豪僧、傑僧でもない。しかし、それらを含めた現代社会に生きぬいている躍動感に満ちあふれた僧侶である。常識では考えられないほどの一途な能力、並はずれた力を秘めている、といってよい。だから、「すごい」のだ。あえて傑僧と言ってよいかもしれない。

わたくしの囲りには念仏者が多い。法然上人以来、多くのすばらしい念仏者が利他行を実践している。そのおかげでどれだけ多くの信者が救われていったことか。まさに高僧に類する念仏指導者である。現在のわが浄土宗においても「教人信」の有名無名の僧侶が教化伝道に活動している。小島さんは教人信もさることながら、まずは「自信」の念仏行者として求道一途の道を励んでいる。生半可な求道ではない。まさに不惜身命の念仏行である。「ただ一向に念仏すべし」との法然上人の教えが小島さんの地（持ち前・作り物でない）である。だから「ほんもの」なのだ。

小島さんが僧侶になってくれたことは日本仏教界にとって幸せそのもの。彼はまだ若い。中央アジアでの画期的な遺跡学術研究をさらに一歩進めてゆかれるためにも、健康に留意して下さることを祈念して、堂々と念仏に励む後ろ姿を拝しながら粗辞を呈して筆を擱く。

（浄土宗　宗務総長）

平成十八年四月

目次

Ⅲ ありがとう すべてのすべてありがとう —— 81

I　迷いまよいて

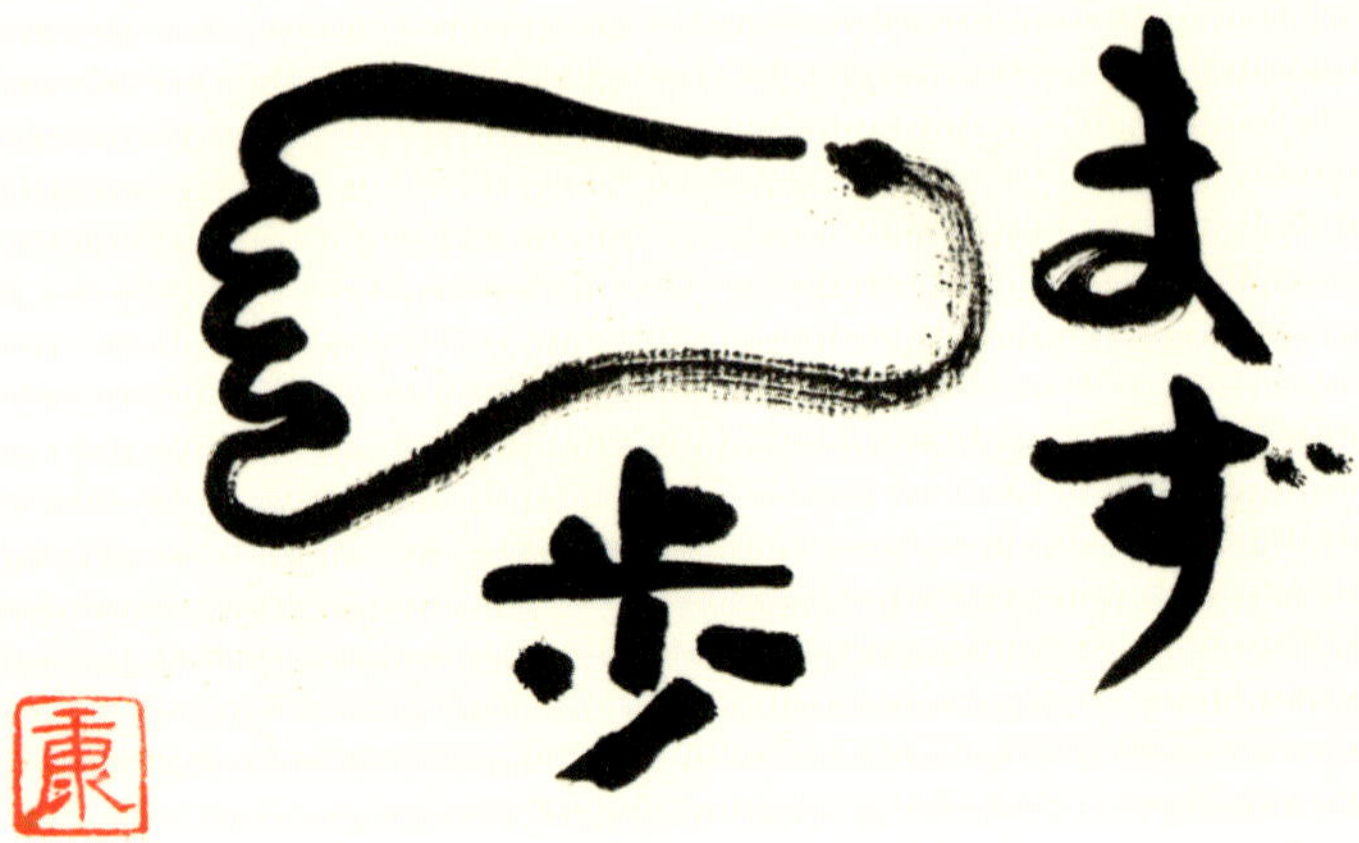
まず
歩
康

まず一歩

数年前、念仏行脚日本縦断をさせて頂きました。鹿児島佐多岬から北海道宗谷岬……遠いとおい本当に遠い。一声一声となえ、一歩一歩あるいて行ったら到達しました。酷暑で倒れ、強風で前へ進めず、大雨で体が凍え、食事もままならず、肩・背中・脚は痛く、宿も断られ、冷たい人情、排気ガスに頭は痛くなり、犬に襲われ……仏の名を唱えながら、一歩一歩前へ進みました。一日三十キロから六十キロ。何回かに分けてですが、五十六歳の身には決して楽ではありません。十キロ痩せました。でも交通事故受難者の放り出されたお地蔵さんやドライフラワーと化した供花に小僧なりのお念仏を捧げると誓ったうえは途中で止めることは出来ません。ありがたい楽しい体験でした。

一歩の力を実感した三千二百キロでした。今になって思えばよくやったものです。日本縦断が出来たのも「まず一歩」を踏み出したから。挫《くじ》けそうになると思い出しています。

2

今日は
人生最初で
最後の日

正覚

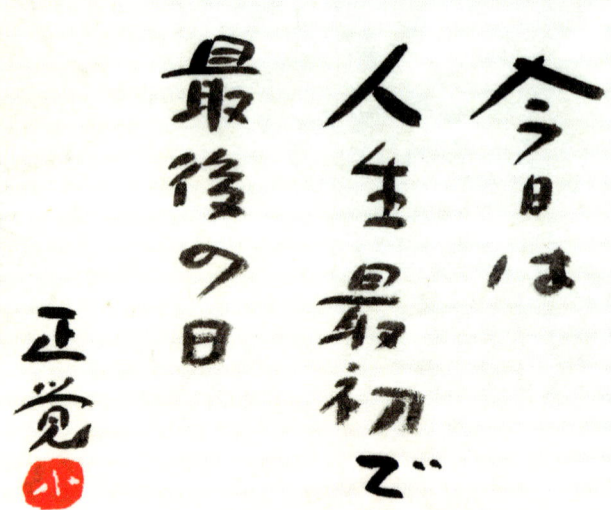

最初で最後

日々、ダラダラと生きています。私は凡夫そのものです。

しかし、お念仏を唱える時、阿弥陀さまとひとつになることができます。核心の私に戻ることが出来ます。生きている、いや生かさせていただいている今日は、人生で最初の日であり、同時に最後の日だ、ムダにしてはならないぞ、と気づかせていただけます。

しかし、ダラダラと生きています。

それで好いと思っています。

難しい顔をして生きていくことはないと思っています。

真剣に生きていますが、深刻にはならないようにしています。

お念仏は不思議なもので、そんな凡夫をしっかりと救ってくださいます。導いてくださいます。ありがたいです。ありがたいです。南無阿弥陀仏

3

（撮影・金本孔俊氏）

オーロラ

な・む・あ・み・だ・ぶ・つ　　　な・む・あ・み・だ・ぶ・つ

雪雲にお念仏がすいこまれていきます。シベリヤ上空一万千五百キロ、外気温度零下七十四度、飛ぶこと十時間余。フィンランドでお念仏を申しています。

な・む・あ・み・だ・ぶ・つ　　　な・む・あ・み・だ・ぶ・つ

阿弥陀経に説かれる極楽の「青色青光黄色黄光赤色赤光……」はオーロラに似ているとおもい見にきました。オーロラは自然現象のため中々見ることができないとか。四日間滞在しましたが、やはり見られませんでした。しかし、厚い雪雲のはるか上空にはオーロラが輝いているそうです。極楽もおなじこと。遠くて近い存在です。身近に感じる時もあれば、はるか遠いとおもう時もあります。お念仏をすればそこは極楽。お念仏をつづけます。

な・む・あ・み・だ・ぶ・つ　　　な・む・あ・み・だ・ぶ・つ

心に花を

お健やかにお過ごしでしょうか?

身体は元気だけど気分がどうも、という時があります。世の中が発展しすぎて、複雑になり、物があふれ、情報があふれ、ついついイライラ、クヨクヨと心が不健康になります。

私は迷った時、悩んだ時、イライラした時には、心に咲かせている蓮の花を眺めます。

蓮はみ仏そのものです。仏さまは蓮の花の上にお立ちです。

よく言われるように泥の中から美しい花を咲かせます。

その蓮の花を眺めるのです。

不思議に落ち着きます。不思議に和らぎます。不思議な働きです。

貴方さまも如何ですか? きっと安らかな心になりますよ。

お試しください。南無阿弥陀仏

（撮影・小島聡子）

こころのそうじ

虫さんの声をお楽しみでしょうか?

浄土宗の修行では、一に掃除、二に勤行、三に学問と申します。

世間的に考えると掃除が最も大事とはおかしいと思われるかもしれませんが、作務は仏道の基本です。日常の小さなことこそ重要な行であり、それ自体を目的ととらえます。


床みがくこころをみがく作務なれば　一声ごとにちりをとるらん

掃除は私の日課です。毎日毎日掃除をしているのにほこりが積もります。心に積もるほこりと同じです。私のような泥凡夫は、お念仏を申しても申しても心にちりが積もります。だからこそお念仏を続けます。南無阿弥陀仏　南無阿弥陀仏

6

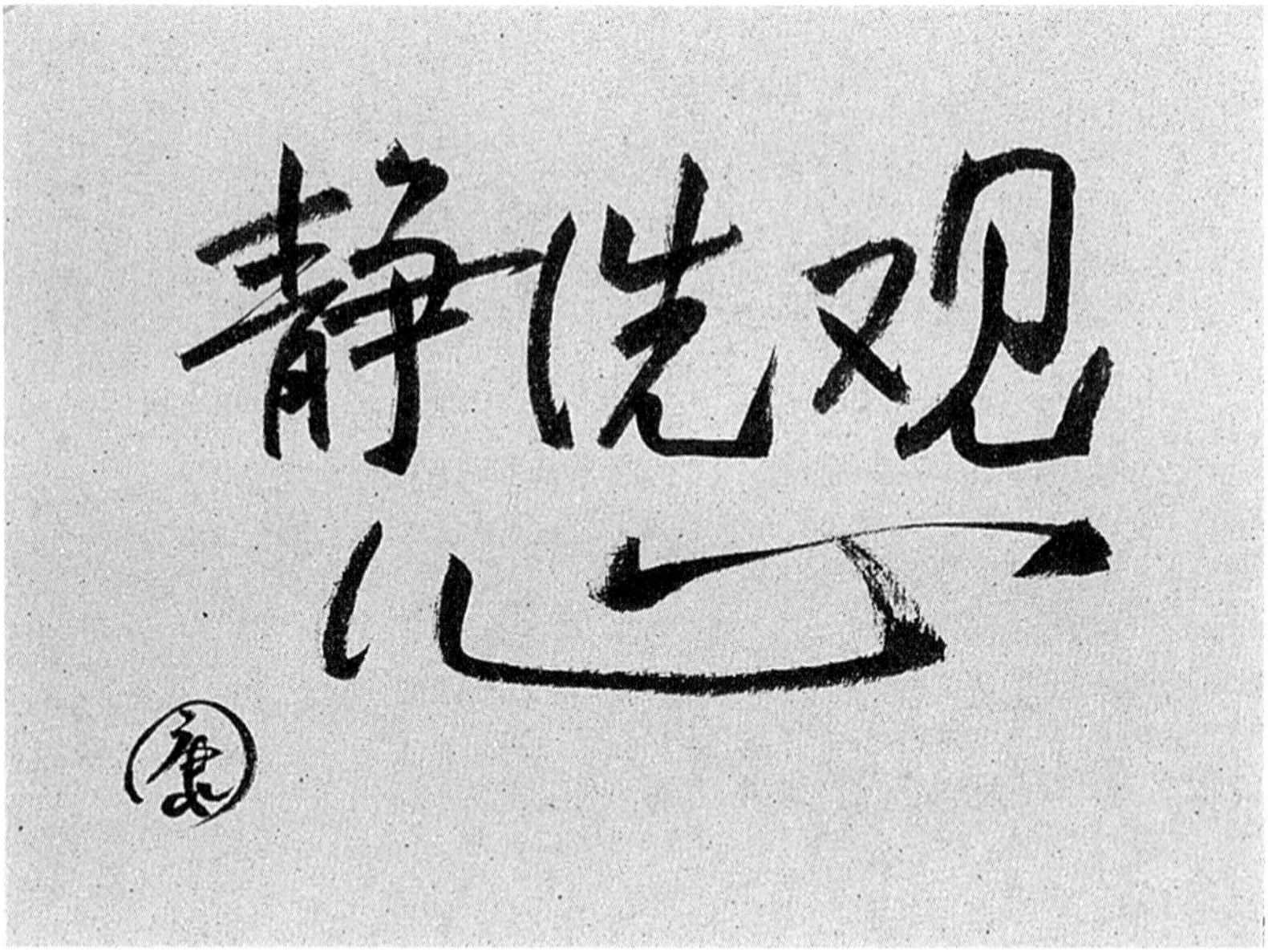

観心・洗心・静心

北京の日壇公園に中国の友人が話を聞きたいと集まった際の走り書きです。

人生に悩みはつきもの。お釈迦さまも人生は苦であると説いておられます。そうと分かっていても、心乱れるのはつらい。どうしたら良いの？ 質問に対しての私なりの答えです。

心を観る。見るでなく、観る。観自在菩薩さまの観る。当然ながら自分の心を。他人の心でなく。自分の顔や服装や体形でなく、心を観る。

心を洗う。衣服はよく洗います。たいして汚れてもいないのに洗います。車を熱心に洗っている方を見かけます。風呂で身体を洗います。しかし、自分の心は中々洗えません。

心を観て、心を洗えば、心を静かにすることができるのでは。と言っても一回だけでは静かになるものではありません。心を観つづけ、心を洗いつづければ、心は静かになるでしょう。嗚呼！ 難しい。

7

夢

貴方の夢は何ですか?

そんな夢のような事を言ったって……。

素晴らしい夢ですね。

正夢、逆夢、夢の夢……。日常会話に「夢」はよく出てきます。旅からたびへの旅がらすですが、この枕もとにも「ハブ　ア　スイート　ドリーム」と書かれています。

先人も夢に関する多くの言葉を残しています。

人生は夢幻のようなものだとも言います。一場の夢だからこそドラマの主人公になって演じきろうと思います。拍手が有ろうと無かろうと関係ありません。

　夢の世を夢うつつ生き夢と散り　み親の胸にかえるうれしさ
それで良いと思っています。

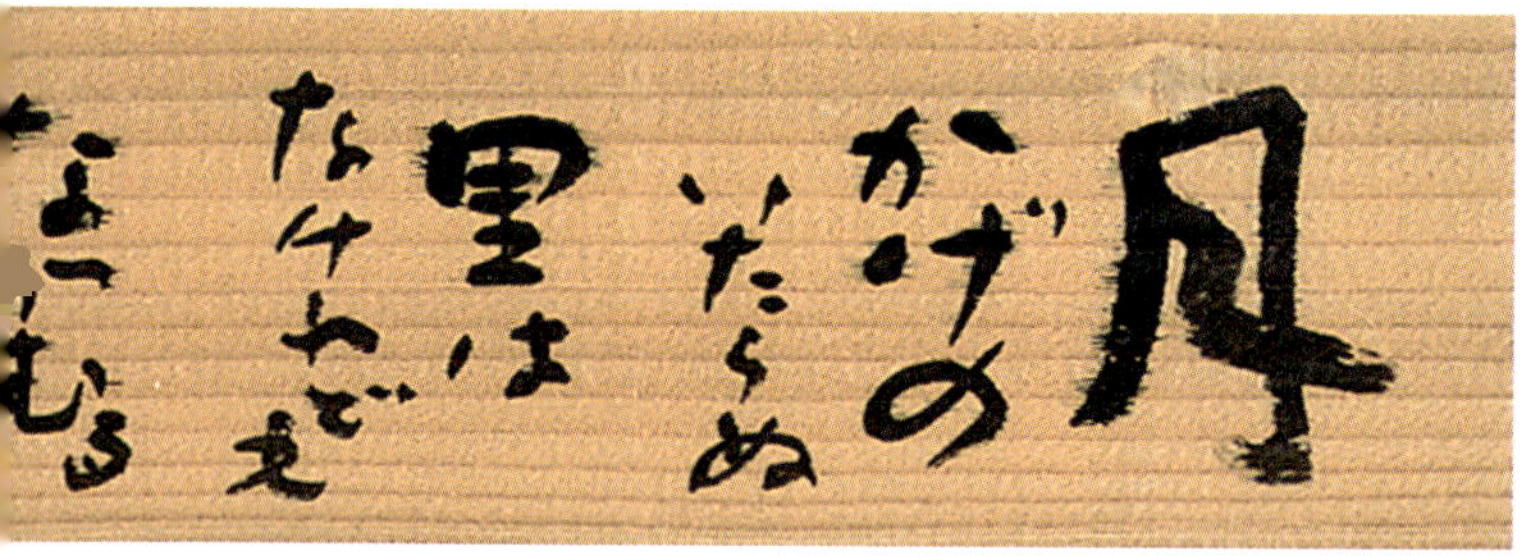

8

こころにぞすむ

法然上人さま（一一三三〜一二一二）の御詠です。『新古今和歌集』にも収録されているそうです。

月のひかりはいたる処を照らしているが、それは眺める心ある人のみが観ることができる、すべてはこころですよ、と受け止めさせていただきました。

すべては心ですね。

心というと胸に手が行きそうですが、心臓ではなく脳の思考です。心が認知したことの

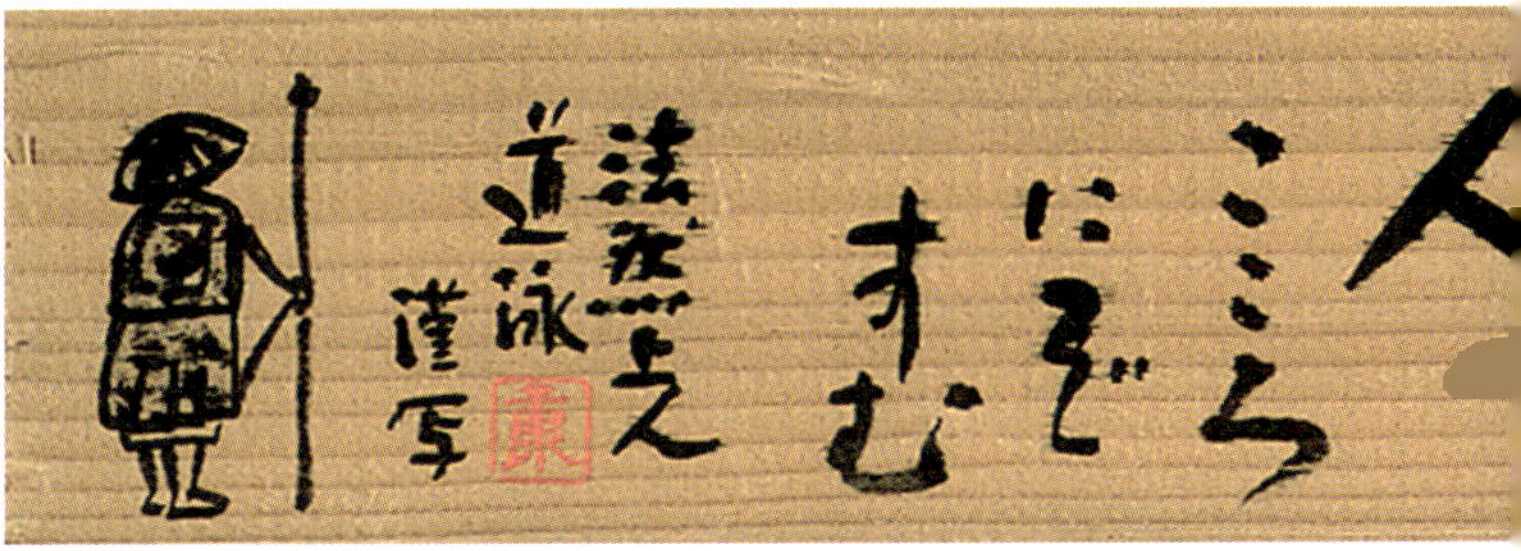

みが自分にとっては存在となります。デカルト（一五九六～一六五〇）は「我おもうゆえに我あり」と言っています。幸せも不幸せも心しだい。自分しだい。自分がどう思うかです。自分の心をしっかりと捉えたいですね。

今晩あたり月をゆっくりと眺めてみませんか。虫の声を聞いてみませんか。風を肌で感じてみませんか。と思う小僧です。

9

妄念の葦

法然上人さまは「妄念の葦はしげけれども、三心の月はやどる也」と申されています。私のような凡夫は本当に仕方ないもので次からつぎへと雑念が浮かんできます。妄念です。あれもしたい。これも欲しい。こんなに一生懸命やっているのに。彼は常識がない子供のようだから……。などと、きりがありません。

背に床柱、前に酒、左右に女、懐に金。名誉欲・食欲・色欲・物欲・金銭欲といった人間の本能をあらわした言葉です。欲望は必要ですが、すぎると邪念を生みだします。

法然さまは、だからこそお念仏をしなさい。その中に至誠心・深心・回向発願心といった正しく生きる心が具わっているから安心しなさい。妄念の葦が生い茂る水間にも三心の月はやどっていますよ。と、導いてくださいます。

妄念またよし。お念仏しながら妄念の湖を漂う私です。南無阿弥陀仏

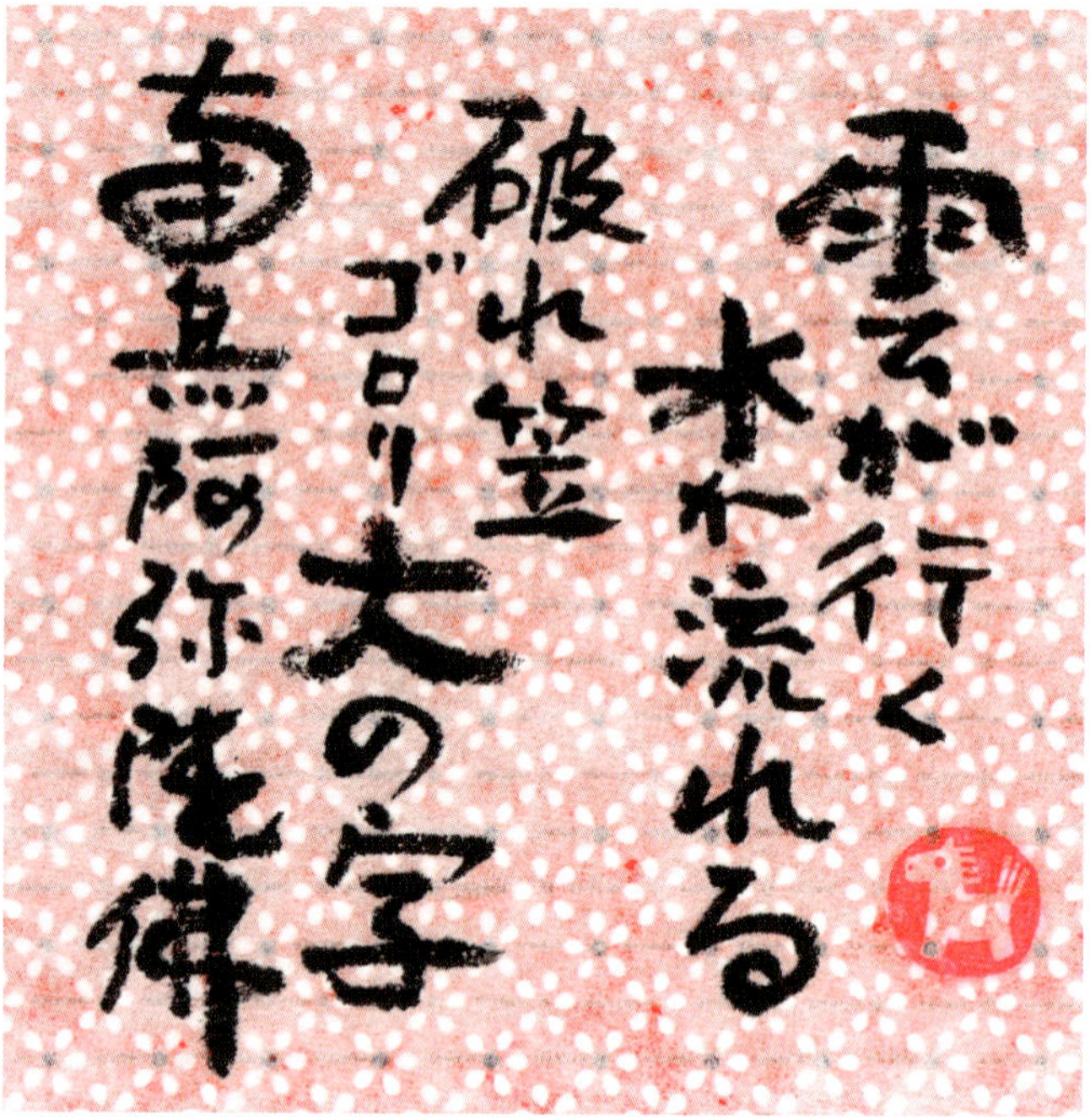
雲が行く
水が流れる
破れ笠
ゴロリ大の字
南無阿弥陀佛

雲が行く水が流れる

お念仏させていただきながらの行脚。念仏行脚です。

南無阿弥陀仏　南無阿弥陀仏　南無阿弥陀仏　南無阿弥陀仏　南無阿弥陀仏

お念仏はいつでも、どこでも、だれでもできると言われていますが、現実はなかなかできません。お念仏にかぎりません。禅にあこがれ座った人でも継続するのは難しいものです。私も同じ。諸事にまぎれて中々できないお念仏ひぐらし。法然さまのお言葉、遊行したほうが専修念仏できるなら遊行しなさい、に諭されはじめた念仏行脚。

ただただお念仏します。行く雲・流れる水・舞う蝶・そよぐ花……を友としてのこころの旅です。凡夫の私、雑念が次からつぎへと浮かんできます。そして消えていきます。いつしかお念仏とひとつになっています。

いただいた握り飯をたべ大の字になれば、至福の時です。

さらさらと

岩もあり　木の根もあれど　さらさらと
　ただささらさらと　水のながるる

こんな先達の教えを聞いたことがあります。こんな生き方ができたらどれほど素敵でしょう。海南島で水を観察しました。たしかに「さらさら」と流れているように見えますが、岩にぶつかり木の根にはばまれ跳ねかえっています。もどっています。方向をかえ、水しぶきをあげています。ところによっては淀みができています。「さらさら」とはかなり違っています。私は壁にぶつかり山にはばまれ谷でわたれず、といったこの娑婆世界を右往左往して行きつ戻りつしながらお念仏に導かれて生きています。

岩もあり木の根もあればうろうろと　ただうろうろと我はただよう　南無阿弥陀仏

12

戒うけて
心はればれ
秋の
空

戒うけて

インド霊鷲山での体験が縁となり、佛教大学で仏教を学んでいた時のことです。

授戒会が開かれ参加しました。嵯峨の清涼寺での三日間でした。それまでのモヤモヤが霧散しました。自分はこの道を進んで行くと決定《けつじょう》した瞬間でした。

いまどき、戒と言ってもピンときませんが、基本は五戒です。

生き物を殺さない。偸《ぬす》みをしない。邪《よこしま》な性交をしない。嘘をつかない。酒を飲まない。

これらを守ることは難しいことですが、破戒と無戒は違うと教えられました。なるほどと思いました。破戒には罪の意識が生じますが、無戒では生じません。決定的な差です。

時代はかわりましたが、要は人間として正しい道を歩んで行く基準が戒です。

貴方さまもご縁のお寺さまで授戒されては如何ですか。きっと何かがかわると思います。

南無阿弥陀仏

……破戒しつつ生かさせていただいている小僧より

13

哲学の木

写真は北海道・美瑛の「哲学の木」と名づけられた木です。少し傾いて考えごとをしているように見えるからとか。付近にはセブンスターの木・親子の木・ケンとメリーの木などがあり、どれも普通の木ですが、観光客でいっぱいでした。マスコミに取り上げられ、有名になり人が行くと皆が行きます。不思議ですね。

世の中には、情報があふれています。常識・前例・人の眼……といったものがあります。それはそれで意味も価値もあるものですが、すべてが正しいとはかぎりません。自分の心で想い、自分の頭で考え、自分の足で歩き、自分の口で話す……ことが大切では。

バインブルク草原を旅行中、ヘタな歌を披露しました。是非欲しいと同行の方。紙がなく困っていると翌朝、トイレットペーパーがなくなり、芯が現れました。これに書いて、差し上げたところ、「エーッ」と驚かれ嫌がられました。同じ紙なのに……。

14

山川草木みな仏

仏教では、よく使われる言葉ですね。

科学的に考えるとおかしなことですが、仏教的には当然のことでしょう。欧米人には理解しがたいかもしれませんが、日本人なら何となく納得できます。

山川草木に限りません。全てのものが仏だと考えるわけです。ものというと物と書く物質を思い勝ちですが、状態なども含んでいます。人の嫌がる事柄、例えば、暑いも洪水も不況も病気も死も……仏だというわけです。そんなもの困る、との声が聞こえてきますが、自分にとって都合の良いものだけを望むのは、勝手ということでしょう。

自分に都合の悪いことが、他の人には良いことかも知れません。それらを仕事としている方もたくさんおられます。

分かったようなことを書いているこの私は凡夫。いやなものはいやだ。嗚呼！

15

迷い《まよい》て

らくだ

迷いまよいて

もっともらしいことを書かせていただいておりますが、凡夫そのものですので、恥をかいているだけです。お笑いください。心境を歌にすれば、

夢の世を迷いまよいて僧となり　迷いまよいてはや十年《ととせ》たち

阿弥陀仏とみ名となえつつゆれうごく　この心をばいかにとらえん

です。迷いを断とうとは思っていません。また断てるとも思いません。ゆれうごく心が自然だと思います。書物に出てくる高僧は私とは縁なき世界です。難しい顔をして、悟ったとおっしゃる方は本当に凄いと思います。

仏教は仏の教え、仏になる教えといいます。私にとっての仏とは、迷いを迷いとして受入れる凡夫のこと。歌の続きです。

ゆれうごく心そのまま良しとして　み名をとなえつただただあるく

16

変化を楽しむ

聞いた話ですが、私たちは物事が三年つづくと、絶対だと思いこむそうです。バブル景気がその例でしょうか。好景気がつづいたためまだまだ続くと、超好景気に走りました。そしてやがて崩壊。バブルに走った人々が振り返って言いました。長くつづくはずはなかったと。そして、平成不況は永久につづくかのような論調です。おかしなことです。

仏教の基本的な教えに「三法印」があります。

諸法無我・諸行無常・涅槃寂静。すべての物事、万物は、常ではなく変化しつづけるとの教えです。それを実感した時に安らぎが得られるとの教えです。

すべては、生成発展します。どんな物事も長続きしません。変化するから良いのです。

そこに楽しみが生まれます。そこに新しい活動、いのちが生まれます。

お念仏とともに変化を受け入れ、変化を生み出し、変化を楽しむ、そんな毎日です。

高山流れる

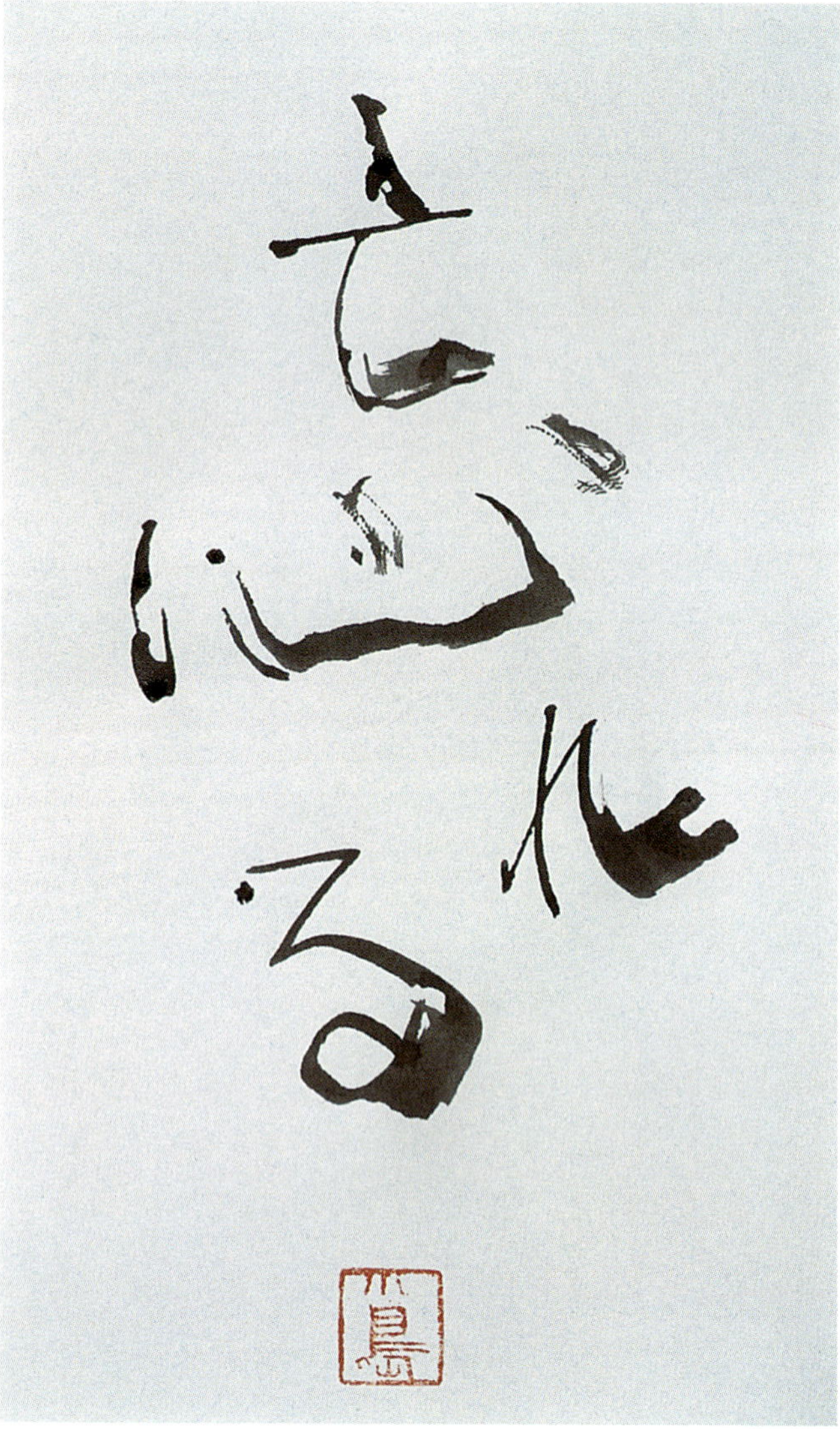

忘れる　捨てる

人生、楽しいこともありますが、嫌なこともいっぱいあります。皆みんな忘れるようにしています。楽しいことは覚えていたいのが人間ですが、それは欲というもの。皆みんな忘れましょう。捨てましょう。

こんな話が禅家に伝わっています。川のほとりへ来ると、一人の女性が渡れずに難渋していた。一人の僧がしゃがみこみ女性を背負って向こう岸まで運んだ。しばらく行くと、もう一人の僧が「貴方は立派な方だと思っていたのに、女性にふれるとは！」とさげすんだ。するとその僧は「お前は、まだあの女性を抱いていたのか。自分はあの岸においてきた」と答えた。というものです。見事な話です。

ジクジクとこだわっていては心がいっぱいになってしまいます。

忘れることです。捨てることです。さっぱりします。

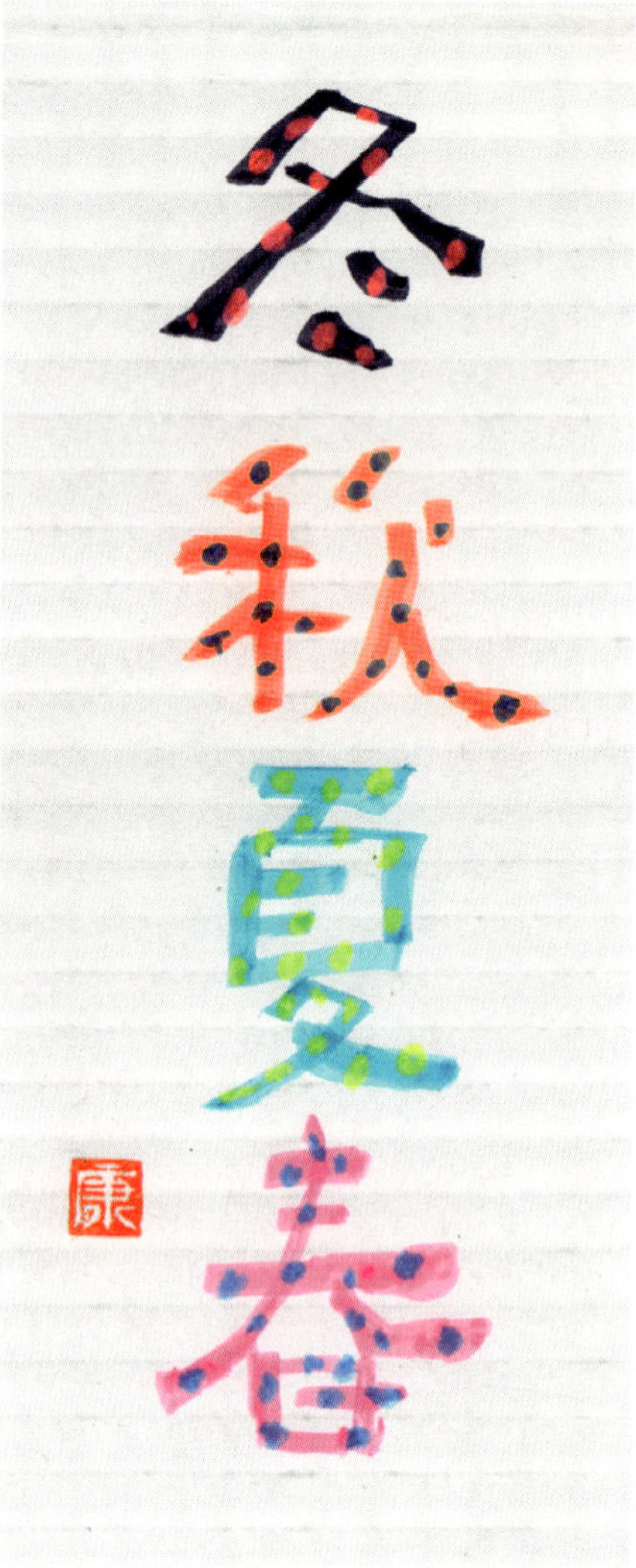
冬秋夏春
康

冬秋夏春

誤植ではありません。丸毛正稔師（名古屋・永弘院住職）が新聞に書かれた警句です。拝読したのはもう二十年近く昔のことです。

人は季節でいえば春のようなことを望むものだが、そうばかりとはかぎらない。だから厳しい冬から始まり、枯葉の散る秋をこえ、暑い夏を耐えて、過ごしやすい春を迎えることができるものだ、と覚悟しておいた方がよい。といった解説であったと思います。

その頃は、社長もやっていましたので、身体にしみこんでいきました。業績は順調でしたが、それなりの規模の企業ともなると、課題は次からつぎへと出てきます。そんな時、この言葉に接し、「ウン、ウン」と納得したのを昨日のことのように覚えています。

立場こそ変わりましたが、今も幾つかの役割をかかえています。冬には冬の仕事をし、秋には秋の仕事をし、夏には夏の仕事をし、春には春の仕事をしています。合掌

Ⅱ

阿弥陀さまにお会いする

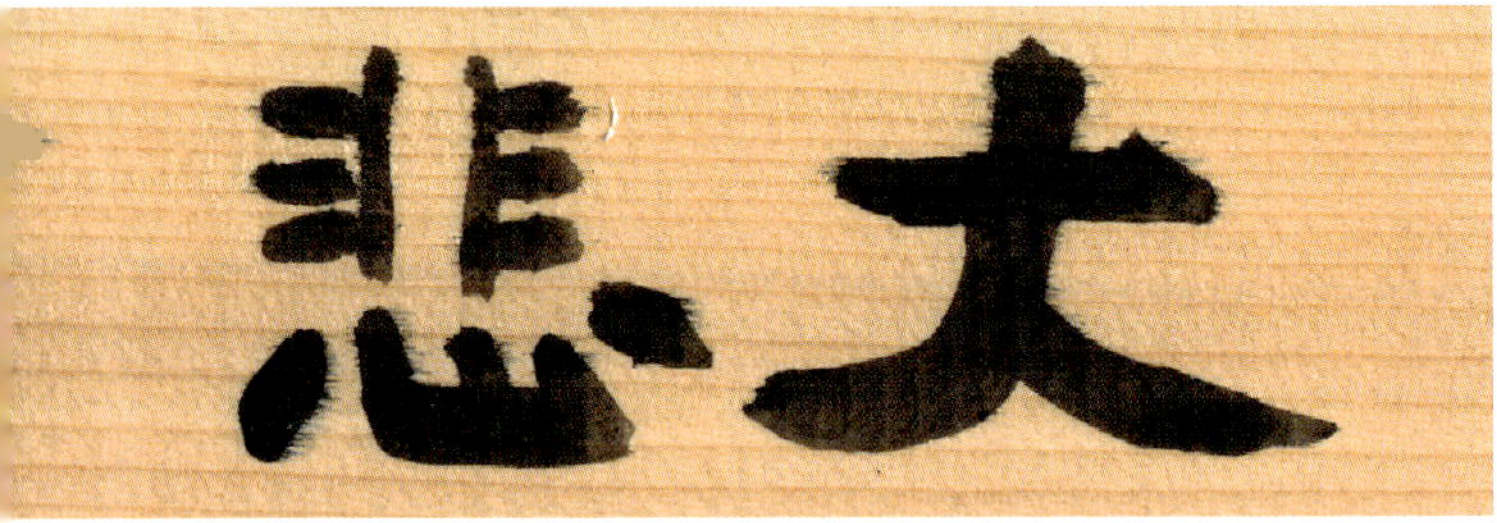

19

大悲誓願ありがたし

阿弥陀さまが私たち悩める凡夫を救うと誓っておられます。

こう書くと、「阿弥陀さまは実在するのか？実在するなら見せてくれ、見せてくれなければ信用できない」とおっしゃる方がおみえでしょう。

阿弥陀さまや薬師さまなど多くの仏さまは、歴史上のお方ではありません。釈尊（紀元前四六三～三八三・異説有り）の働きを見立てたお姿です。

信仰は科学ではありません。空を飛ぶ飛行機の原理やテレビが映る仕組みを何となく分かっても、心底から理解するのは難しいことです。それ以上に、み仏の働きを理解し信ずるのは困難なことです。我ら凡夫は頭から信じることです。

阿弥陀さまの大きなおおきな誓願を信じて安心して過ごしましょう。世の中、なるようになります。なるようにしかならないのです。全力を尽くすのは当然ですが、そのあとはお任せすることです。

20

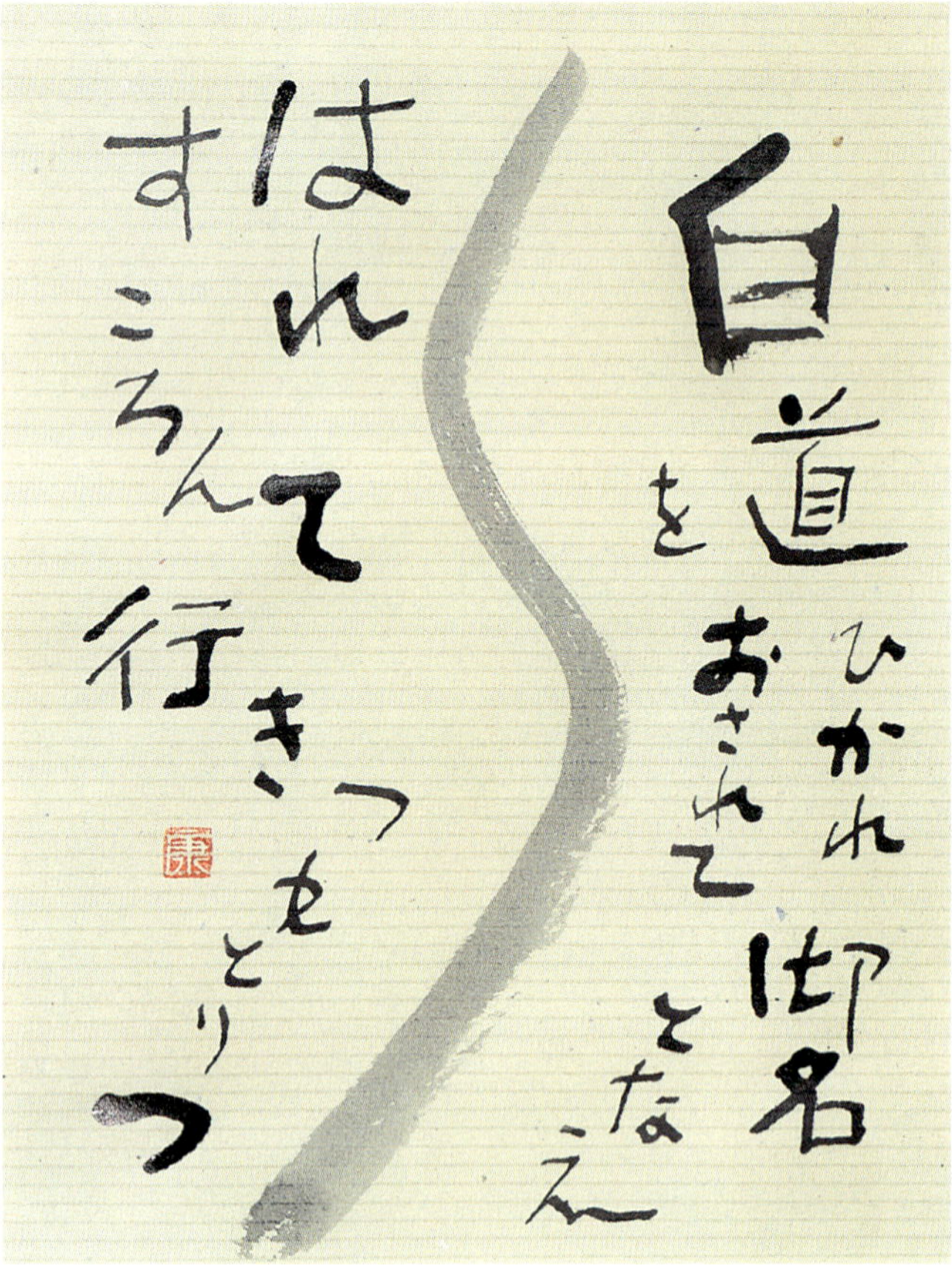

ひかれおされて

法然上人さまの心の師にあたる唐の善導大師（六一三〜六八一）は、救いの道として「白道」という宗教的概念を唱えておられます。

この世は欲望うずまく火の海と水の海に囲まれています。そんな娑婆世界に、お釈迦さまと阿弥陀さまは救いの手を差し伸べられました。それが「二河白道」です。荒れ狂う火の海と怒涛逆巻く荒海のあいだにのびる一本の道です。

阿弥陀さまが「私の救いを信じて、おいで、おいで」と手招かれています。お釈迦さまが「見守ってあげるから大丈夫、おゆき、おゆき」と声をかけてくださいます。

お念仏の道に入らせて頂き十有余年。ようやく白道にたどり着きました。お念仏のおかげです。ありがたいことです。しかし、そこは凡夫。外れて転んでいます。前進ばかりとはゆかず、時には戻ります。それで良いとお念仏させていただく日ぐらしです。

21

(撮影・本多廣賢師)

いつでもどこでも

法然上人さまは革新的な方です。それまでの仏教界の常識を変えられました。

当時は、学問をしなさい、戒律を守りなさい、寄進をしなさい……。そうしないと救われないと言われていました。法然さまが生きられた八十年間は大変な時代でした。飢饉がつづき、疫病が流行り、戦乱が絶え間なく、人々は生きるのに必死の時代でした。仁和寺の坊さまが野垂れ死にした人を哀れんで、その額に「阿」と書き供養して回ったところ、京の中心だけで四万二千三百余りの遺体が放置されていたと『方丈記』に記されています。

そのような時代に学問をし、戒律を守り、寄進をすることなど庶民には不可能です。

法然さまが比叡山での二十数年にわたる修行をへてたどり着かれた悟りがお念仏でした。一回のお念仏で救われると信じなさい、お念仏を一生つづけなさい。と示されました。

いつでも、誰でも、どこでもできるお念仏は日本中に広がりました。

22

コノ道が
二河白道

二河白道

浄土宗宮城教区壇信徒のつどいに呼ばれ、雨の中を仙台へ念仏行脚していた時のこと。南無阿弥陀仏と一声一声となえ、一歩一歩あるいて行きました。国道四号線を猛走する大型トラックの水しぶきで身体はずぶ濡れ。初冬の雨は冷たく、行脚も三日目となり疲れで脚もにぶりがち。緩やかな上り坂がつづきます。

その時です。峠のさきに阿弥陀さまがお出ましになり「おいでおいで」と手招き。法然上人がお出ましになり「お念仏をお念仏を」とお導き。宮城の念仏信者の皆さまからは「念仏体験を聞かせて」との声。暫く続きましたでしょうか。こうして、お念仏をつづけ阿弥陀さま、法然さま、宮城の皆さまに導かれ、お釈迦さまにおされて市民会館へ着きました。

二河白道は生きるうえの道と受け止めていました。今、歩かせていただいている道を二河白道と実感させていただいたのはこの時でした。

23

この指とまれ赤トンボ

念仏行脚していると、楽しいことがいっぱいあります。辛いこともありますが……。トンボと遊ぶのも楽しいことのひとつでしょうか。立ち止まってお念仏を唱えていますと、赤トンボと友達になれました。

このトンボの先祖を辿っていくと、三十八億年の昔に遡るそうです。背景の木もそうです。私もそうです。昔むかしその昔、小さなちいさな生命が生まれ、変化を続け、それぞれの今日の姿になったと聞きました。

そうだとすれば、この赤トンボさんと私は親戚だということです。私がトンボで、トンボが私。不思議な気もしますが、当然とも思います。

トンボ君、トンボ君。一緒にお念仏しよう。康誉よ、康誉よ。一緒にお空を飛ぼう。空から自分を観てみたら小さなちいさな生きものでした。南無阿弥陀仏

霊鷲山で

もう何年になるでしょうか。ある方に誘われて、インド仏蹟めぐりのツアーに参加しました。お釈迦さまがお生まれになったルンビニー、お悟りになったブッダガヤ、初めて法を説かれたサルナートなどを拝し、霊鷲山を拝登した時です。

私の生きる道を決定づける体験をしました。

霊鷲山は無量寿経などのお経が説かれたところとして登場する岩山です。夜明けのころ頂上に着きました。お釈迦さまが尊いみ教えを説かれた台座がありました。その巡礼の主催者は法華経の信者さんで、台座の周りを南無妙法蓮華経と唱えながら巡っていた時です。お釈迦さまの説法を多くのお弟子方と一緒に自分も聞いたと実感しました。涙が流れてとまりませんでした。二千数百年前のインドに自分がいるはずはないので、有りえないことなのですが、聞いたと実感したのは事実です。こうして、私の仏道が始まりました。

25

いまが極楽

いまが極楽

寓居から鈴鹿山脈に沈む夕陽をながめています。ニヤやダンダンウイリク遺跡の学術調査を二十年近くつづけ、お金を使いすぎてしまい妻の実家に居候させていただいています。沈む夕陽の遥かはるか彼方に極楽があります。阿弥陀経には十万億の仏国土をすぎた西の彼方にあると説かれています。夕陽にむかってお念仏していますと、阿弥陀さまがおりてこられます。ありがたいことです。

この世は悩み多い所。地獄のようだと思う時もあるでしょう。そんな時こそお念仏をしましょう。乱れた心が次第しだいに落ち着いてきます。平安になってきます。

極楽はいずこにありや南無阿弥陀　いまが極楽ここが極楽

お念仏をすれば、今その時が極楽です。自分がいる所が極楽です。お念仏に導かれて、お念仏を友として、日暮しさせていただいています。南無阿弥陀仏

使
運
命

使命・運命

御父上、御母上からいただいたいのち。さかのぼれば、幾億年の彼方からいただいたいのち。天地自然のおおいなるいのちからいただいた生命。阿弥陀さまからのいのち。

このいのちをどう使うかをつかんだ時に、そのありがたみが分かりました。

使命感を持った時、私の人生が始まりました。

生き方が定まりました。

いのちの運び方が決まりました。

運命とは、自分のいのちを自分で運ぶこと。

全ての責任は、自分に。

お念仏で生きて行くと決定《けつじょう》した時、幸せがあふれてきました。

喜びの種を微力ながら播かせていただくと決定した時、全てが始まりました。

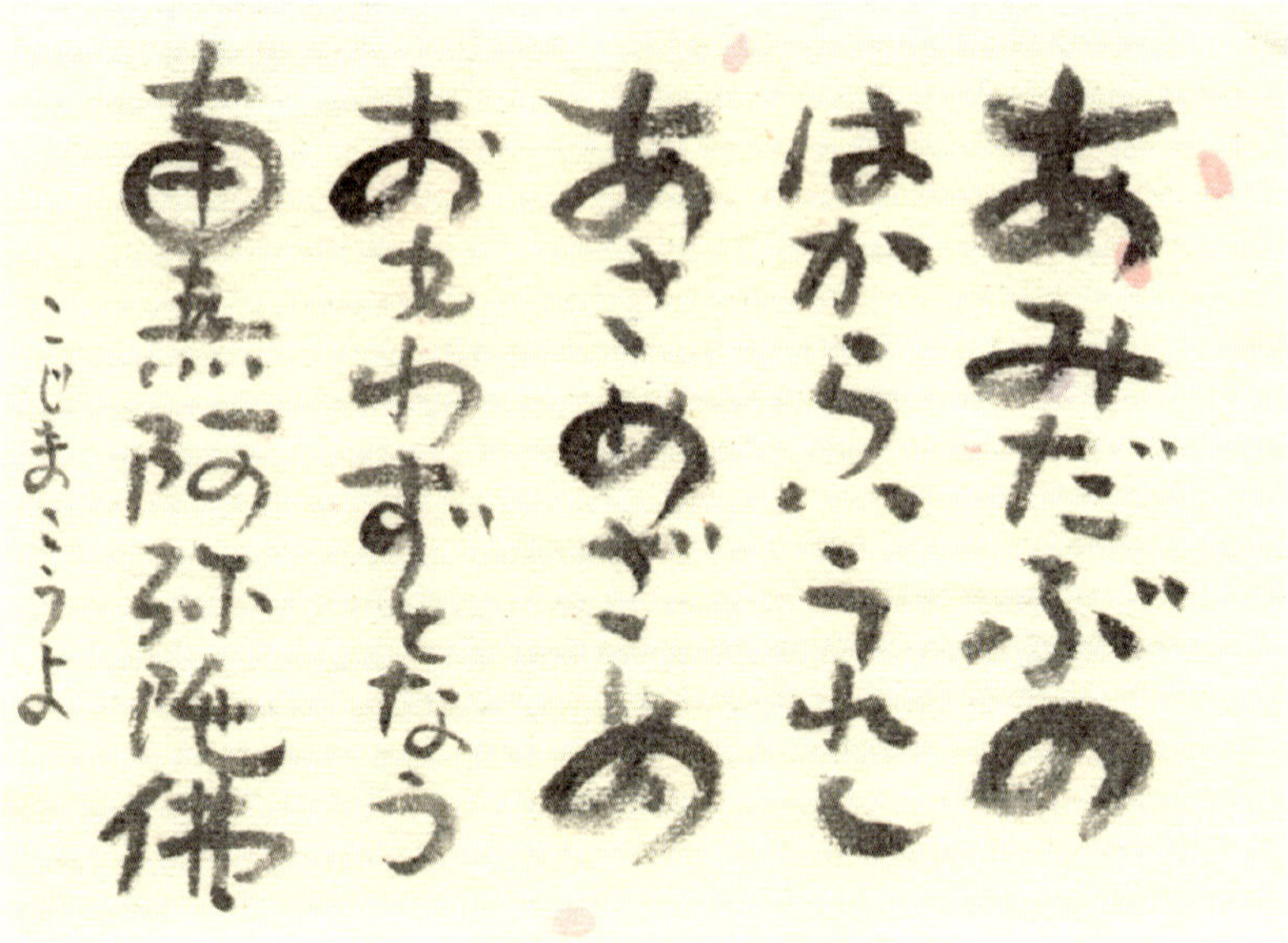
あみだぶの
はからいされ
あさめざめ
おもわずとなう
南無阿弥陀仏
こじまこうよ

念仏ひぐらし

お互い忙しい毎日です。ついついお念仏をわすれがちです。そこで、毎日の動作と念仏を結びつけ「クセ」としています。まずはベッドで。そして、トイレで……。

あみだぶのはからいうれしあさめざめ　おもわずとなう南無阿弥陀仏

不浄にて念仏申すとがあらば　めしこみよかせ弥陀の浄土へ（法然上人さま）

顔あらう水も鏡も阿弥陀仏　南無阿弥陀仏南無阿弥陀仏

朝勤め南無阿弥陀仏と香を焚き　愚かなおのれ仏にしめす

パンミルク野菜サラダに手を合わせ　天地のめぐみ南無阿弥陀仏

床みがく心をみがく作務なれば　一声ごとにちりをとるらん

……と一日中、お念仏するようにしています。そして、眠りにつく時も。

阿弥陀仏と十声となえてまどろまん　ながきねむりになりもこそすれ（法然上人さま）

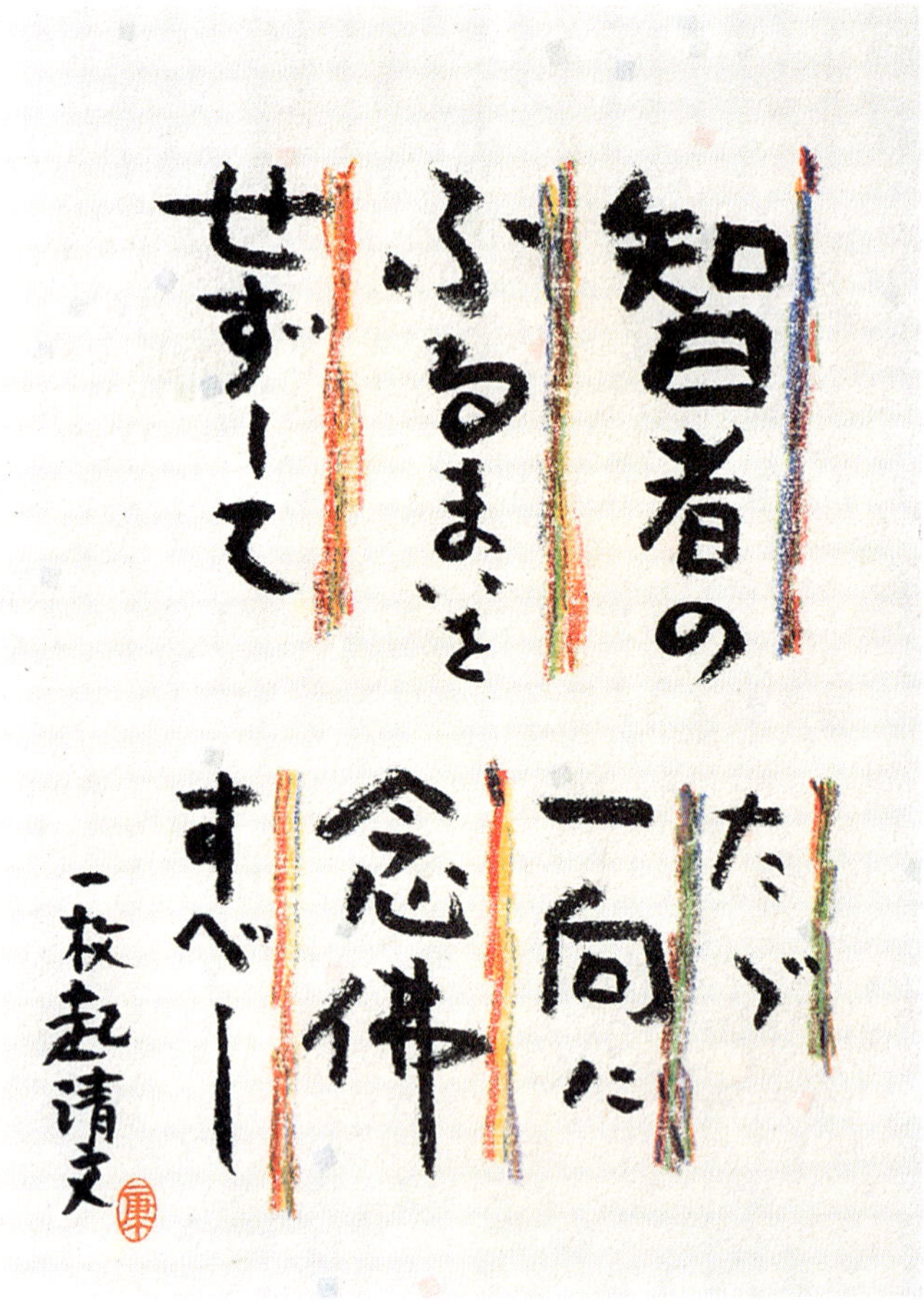
智者のふるまいをせずして
ただ一向に念仏すべし
一枚起請文

智者のふるまいをせず

法然上人さまの「一枚起請文」の一節です。一枚起請文は名文です。写真でしか拝見したことはありませんが、法然さまの想いが伝わってきます。この部分が一番好きです。と同時に実践するとなると難しいところです。

自分が智者だとは思っていません。しかし、それなりのことはしてきたとの自負があります。これは、私に限らず殆どの方がそうではないかと思います。

そこを乗り越えて「愚者」にもどることが大切とのお示しです。中々難しいことですが、智者でないことは確かなことですから、智者のマネはしないようにします。

ただ一向にお念仏することも難しいことです。お念仏にかぎりません。「ただ一向」に何かをすることは中々なことです。

そこを乗り越えて、ただ一向にお念仏したいと思う愚者・私です。南無阿弥陀仏

29

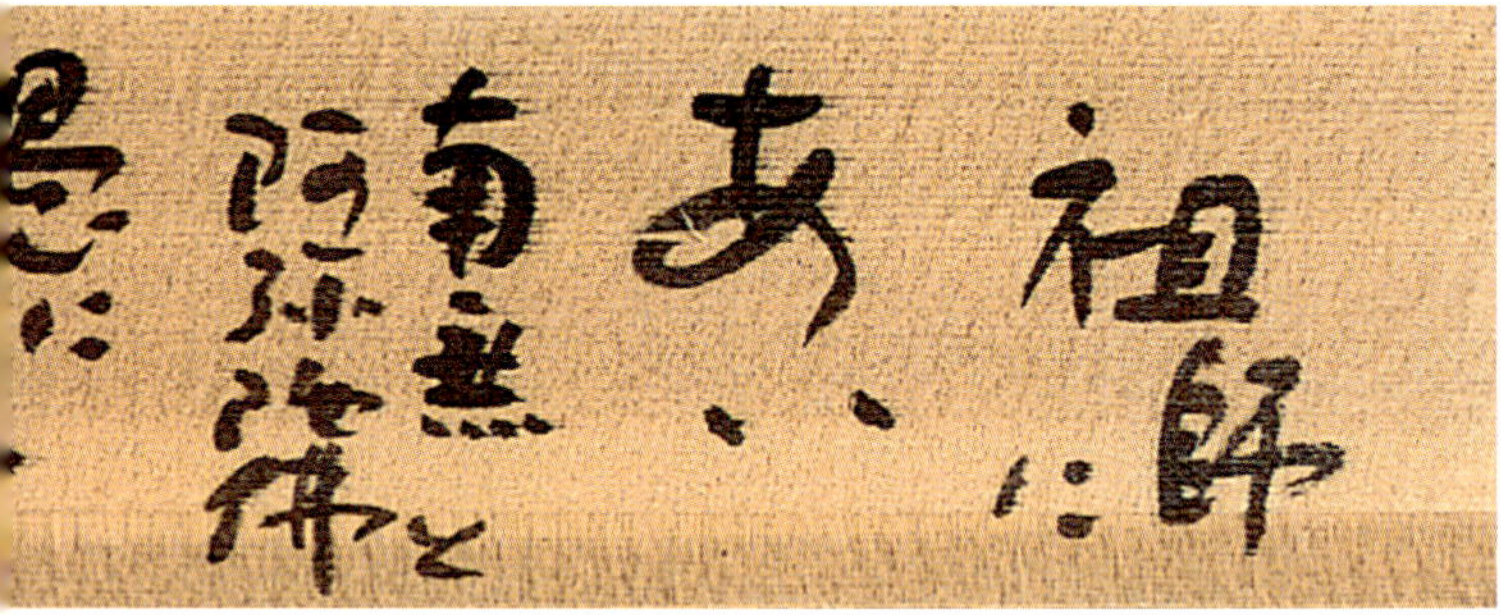

還愚《げんぐ》の修行

念仏すれば、誰でも救われると説かれた日本浄土教の始祖・祖師・元祖・法然さまに出会えたことは、私の人生にとって、最大の僥《ぎょう》倖《こう》でした。

僧侶にしていただいて約二十年、ヨチヨチと南無阿弥陀仏を唱えつづけさせていただき、ようやく自分が愚かであることに気づきました。しかし、時には「自分は」のは、「自分が」のが、が出てきます。そんな時にはなお一層お念仏を唱え、愚かに還る道とさせてい

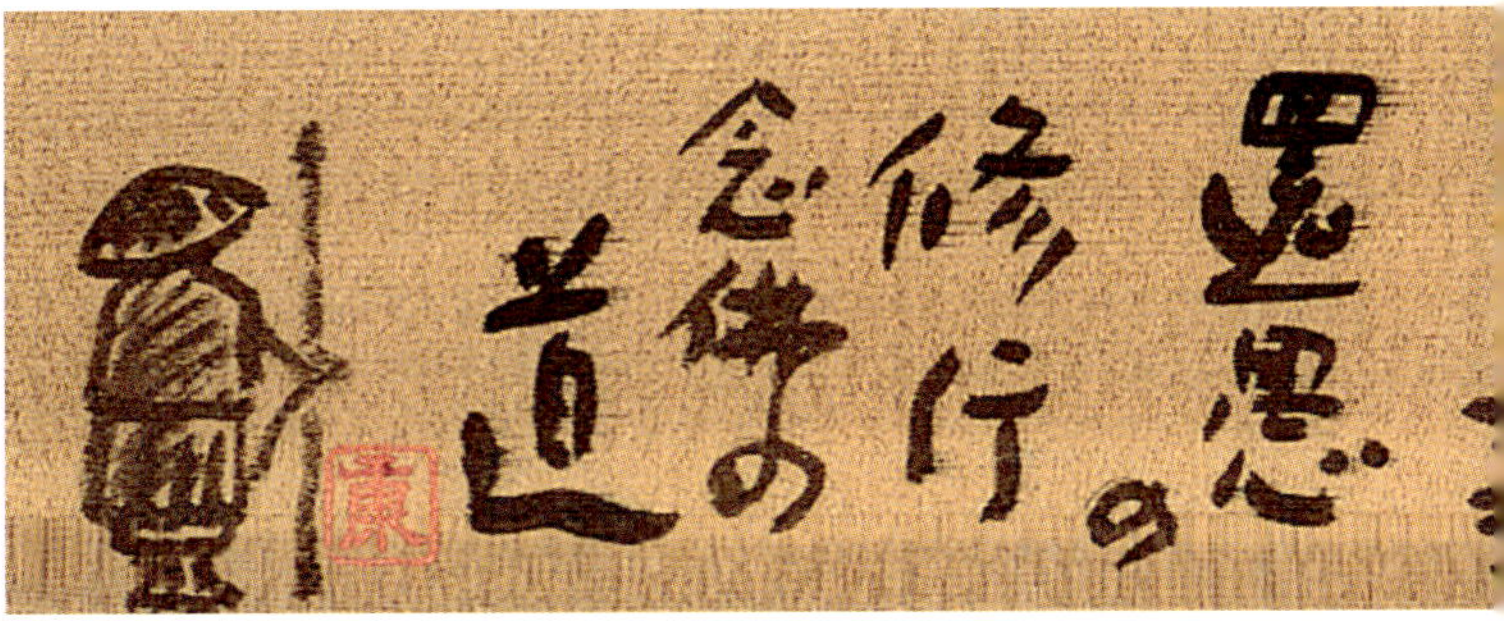

ただいています。

南無阿弥陀仏　南無阿弥陀仏　南無阿弥陀仏　南無阿弥陀仏　南無阿弥陀仏

法然さまは、「聖道門の修行は智恵を極めて生死をはなれ、浄土門の修行は愚痴にかえりて極楽にうまる」と教示しておられます。

還愚の道を歩みます。はだかの自分に迫ります。真実の自己を観つめます。

ようやく愚かの入口にたどり着いた小僧です。

南無阿弥陀仏

色即是空

「空即是色」とつづきます。鳩摩羅什三蔵法師（三五〇～四〇九頃）の名訳です。玄奘三蔵法師（六〇二～六六四・異説有り）訳にも受け継がれています。

お経さまは、もともとインドの言葉で書かれていました。それを先人が苦難の末に昔の中国語に訳出しました。羅什さまや玄奘さまなどです。直訳もあれば、意訳もあり、そのうえに訳された当時と現代では語句の意味に違いもあります。本来の意味を理解するのは、なかなか困難です。この「色即是空」も本来の意味を理解することが難しい語句のひとつでしょう。と同時に仏教の根本概念を示した有名な仏教用語のひとつでもあります。

色とはすべての物事。即是はである。空とは移りかわる状態であり、実体はないという概念です。変化しつづける、生成発展しつづける娑婆世界だからこそ、精進の重みがあります。精進しつつ、阿弥陀さまにお任せする。これが私の生き方。

31

（絵・小野知久氏）

南無阿弥陀仏

南無阿弥陀仏というと、亡くなった方への追悼の呪文のように考えておられる方がいらっしゃいます。お通夜や葬式用語のように思われています。

普段となえていると、あからさまにイヤな顔をされる方もおみえです。縁起でもないと。死者をおくる言葉と思い込んでおられるのでしょう。

念仏は、そのような消極的なものではありません。

阿弥陀さまに帰依します。阿弥陀さまどうかお導きください。阿弥陀さまお救いください。阿弥陀さまどうか教えてください。阿弥陀さまのみ教えにしたがって精進します。といった積極的なものです。自らの人生と闘う前向きなものです。仏教は前向きです。南無釈迦牟尼仏も南無妙法蓮華経も南無大師遍照金剛も帰命無量寿如来も……。前へ前へ。

普段こそ南無阿弥陀仏を。南無阿弥陀仏

32

阿弥陀さまにお会いする

大和街道を念仏行脚していたときのこと。

その昔は旅人が行き交った街道もいまでは歩く人は皆無、車も殆ど通りません。激しい夕立。山道両側から木がおおいかぶさりお念仏がすいこまれていきます。大粒の雨が法衣を貫通して肌に直にそそぎます。

ゆるやかなカーブを回ったときです。

雨粒のなかに阿弥陀さまがお出ましになりました。法のひかりを放たれておみえです。一粒ひとつぶに阿弥陀さまがおみえです。周りがパーッと明るくなりました。それはそれは美しい一瞬でした。法悦のひとときです。その場で立ちつくし、お念仏を一層大きな声でとなえました。どれほど経ったでしょうか、阿弥陀さまが立ち去られました。ありがたいありがたい体験でした。不思議なふしぎな体験でした。南無阿弥陀仏

仏さまとともに

いまシルクロード・ウルムチでお念仏を申しています。日本からおよそ四千キロ離れたこの地は、私にとって第二の故郷といえるところ。ホテルの一室で仏さまに向かい、お念仏をとなえさせていただけるこの身の幸せ。至福の時。

何時のころからか仏さまを捧持して旅をするようになりました。お念仏を申しているとこれから始まる難しい交渉を忘れて、お浄土に飛ぶことができます。お浄土に生まれることの時がお浄土そのもの。

三十分ほどのお念仏を終えると頭のなかはスッキリと整理されて、考えてもいなかったはずなのに、交渉作戦がうかんでいます。不思議なものです。

「新シルクロード」と「新シルクロード展」の中国側との交渉のお手伝い。いくつかの組織のからんだ糸をほぐすのに一年かかりました。さあ出陣。南無阿弥陀仏となえつつ。

34

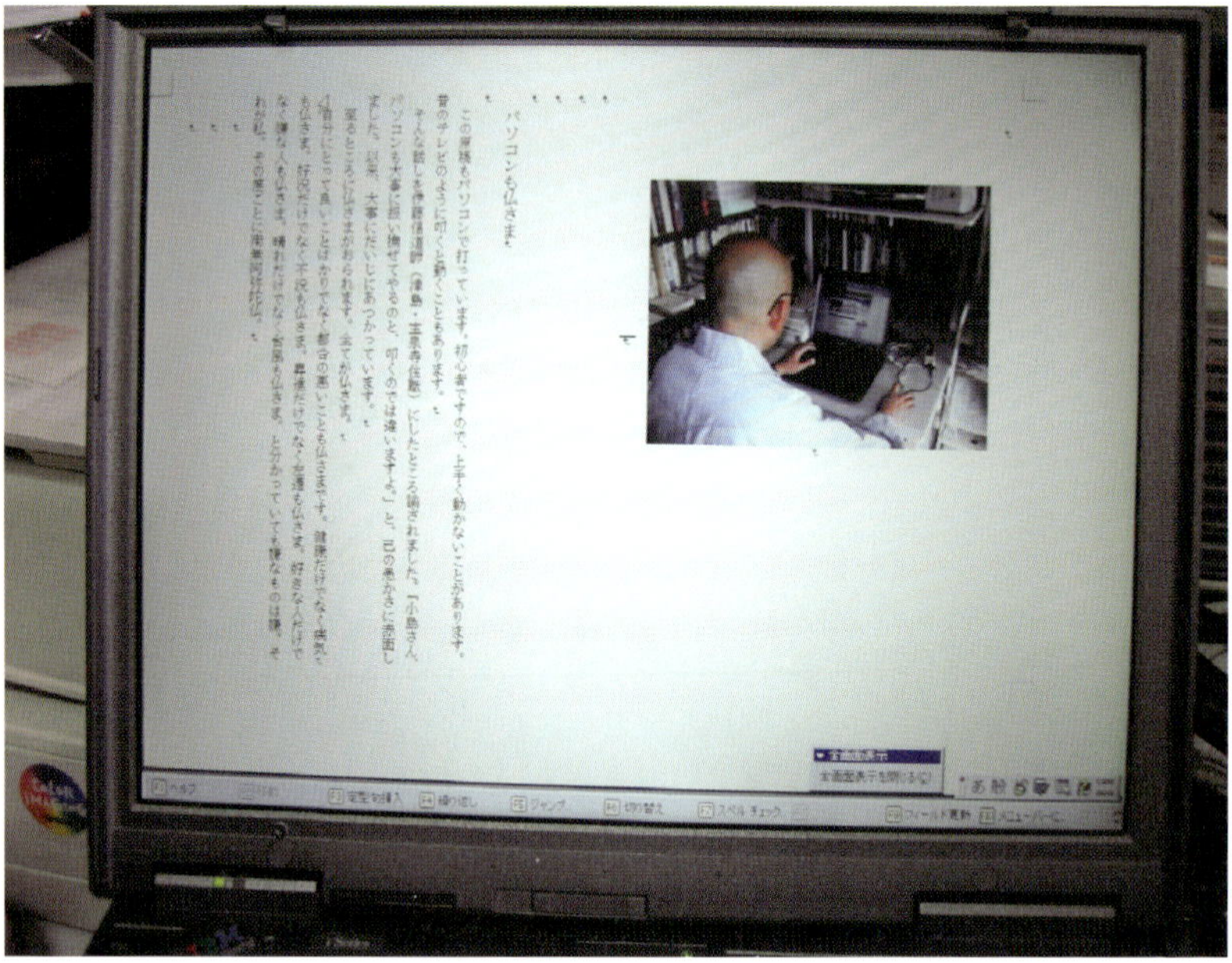

パソコンも仏さま

この原稿もパソコンで打っています。初心者ですので、上手く動かないことがあります。昔のテレビのように叩くと動くこともあります。

そんな話を伊藤信道師（津島・宝泉寺住職）にしたところ諭されました。「小島さん、パソコンも大事に扱い撫ぜてやるのと、叩くのでは違いますよ」と。己の愚かさに赤面しました。以来、大事にだいじにあつかっています。

至るところに仏さまがおられます。全てが仏さま。

自分にとって良いことばかりでなく都合の悪いことも仏さまです。健康だけでなく病気も仏さま。好況だけでなく不況も仏さま。昇進だけでなく左遷も仏さま。好きな人だけでなく嫌な人も仏さま。晴れだけでなく台風も仏さま。と分かっていても嫌なものは嫌。それが私。その度ごとに南無阿弥陀仏。

Ⅲ

ありがとう　すべてのすべてありがとう

35

初心

朗らかな日々をお過ごしのこととお慶び申しあげます。

写真は旧東海道鈴鹿峠にある芭蕉翁（一六四四〜一六九四）の句碑です。芭蕉さんがどのような時に越えられたかは知りませんが、決意がヒシヒシと伝わってきます。

鈴鹿峠は関宿から約二時間、ダラダラ坂を登ります。往時は人馬が行き交った道も今では通る人とてなく、苔むしています。京都への行脚ではいつもここで休ませてもらいます。あと何回越えることでしょう。

発心は全ての元ですね。したいという初心、燃えるような希望が行動となり、幸せを呼び込みます。旅立ちの春です。初心を大切にお過ごしのほどを。

亀山宿から関宿・坂ノ下宿・鈴鹿峠を通り、土山宿まではお勧めの歴史散策コースです。宿場・一里塚・筆捨山・廃道など変化にとんでいます。一度チャレンジ如何ですか。

涼風献上

暑中お見舞い申しあげます。

蒸し暑くすごしにくい夏も四季の一部、ありがたいものです。冷夏なら困る人も多くおみえです。今ではクーラーが普及し快適な生活がおくれてこれまたありがたいです。うちわや扇風機の活躍する場面もへりましたが、それはそれで風情がありますね。

頂戴したうちわの裏にへたな字を書いてみました。

世の中、人と人の関係はなかなかです。苦手な方も多いようです。私もそうですが。嫁と姑がその最大のものでしょうか。他にも組織や近所づきあい……。

イヤだと思えば相手に伝わります。相手が「ありがとう」と言ったら「ありがとう」と言おう、でなくこちらが先にありがとうの風をおくりたいですね。

きっと「ありがとう」の風がかえってきますよ。かえってくるまでおくりませんか。

37

落ち葉百色

秋の一日、落ち葉を拾ってきました。

安田暎胤猊下（薬師寺管主）より頂戴した「無心」皿に活けました。順恵夫人から届いたシルクロード・ウイグル族の伝統模様の布を敷きました。落ち葉もじっと観てみますと、十色どころか百色あります。一日、楽しませていただきました。

人生も同じこと。百人百色。いろんな生き方があると思います。私達は概念に呪縛されこれは良い、これは悪いと規定しがち。

自分色の人生こそ自分の人生。人まね人生なんか大嫌い。人の目なんか気にする必要ないと思います。

自分の人生を自分色に染め上げたい。

自分の人生を楽しく、ゆったり、有意義に過ごします。

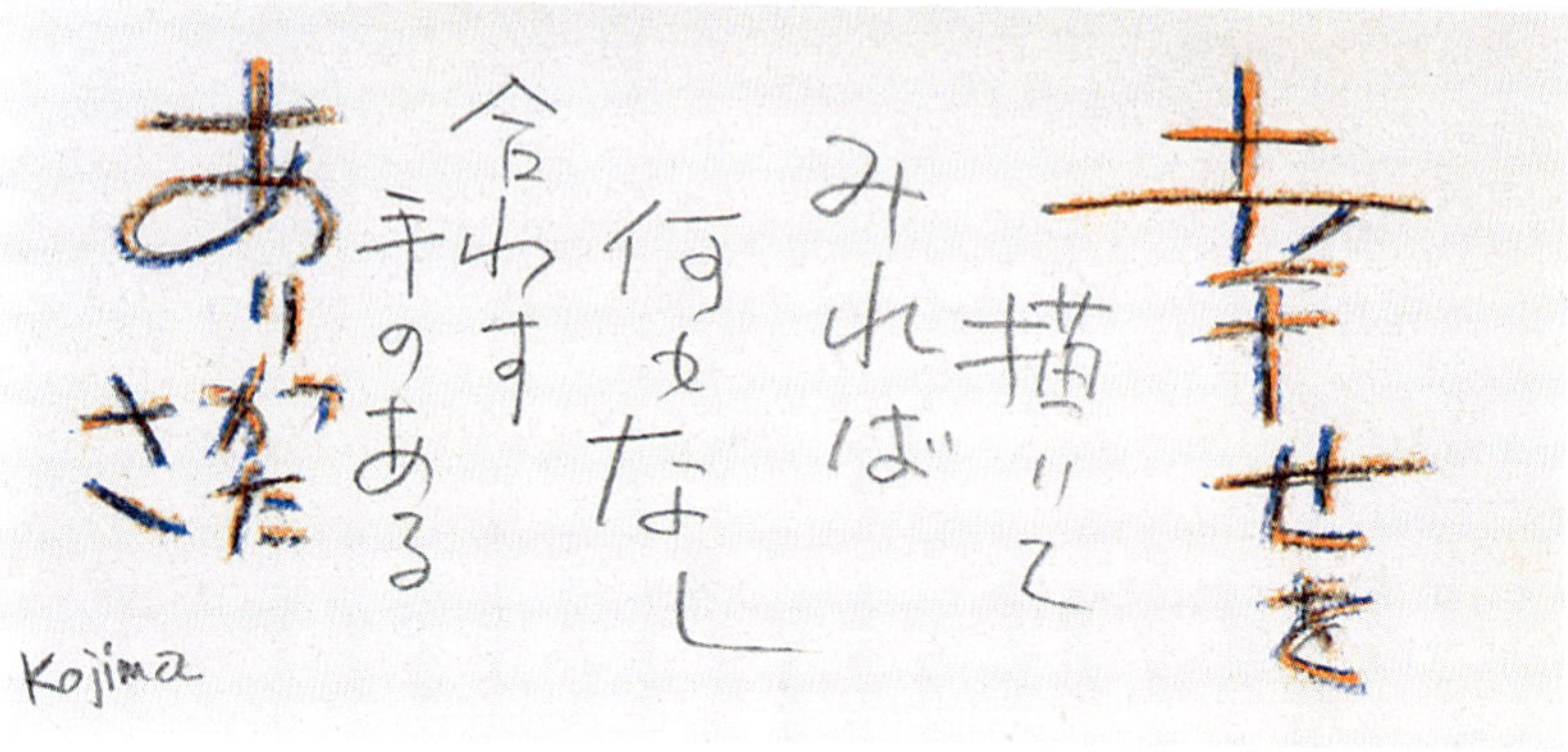
幸せを
描いて
みれば
何もなし
合わす
手のある
ありがたさ
Kojima

小さな喜びを喜びとしよう

人生は幸せをもとめての旅ともいえます。子供を良い学校に入れたい。出世したい。家を建てたい。研究したい。有名になりたい。……皆みんな幸せをもとめてです。しかし、人間の欲望にはキリがありません。走りさえすれば満足した車なのに、次にはより大きな車が欲しい。外車が欲しい。といった具合です。お金もそうです。十万円貯金できたら次には百万円。更に五百万、一千万円……とたえず上をもとめます。欲望は人類を発展させてきたエネルギーです。しかし、本当に外形のそれらが幸せでしょうか？

生きてゆくうえにそれらは必要ですが、それだけで真の幸せをえることはできません。十万円で幸せと感じる人もいれば、一億円でも幸せと感じない人もいるでしょう。幸せは財物の多少でなく、心しだいと思います。私は「ありがとう」と言えるだけで幸せです。小さな幸せ、小さな喜びを喜びとして生きていきます。南無阿弥陀仏

39

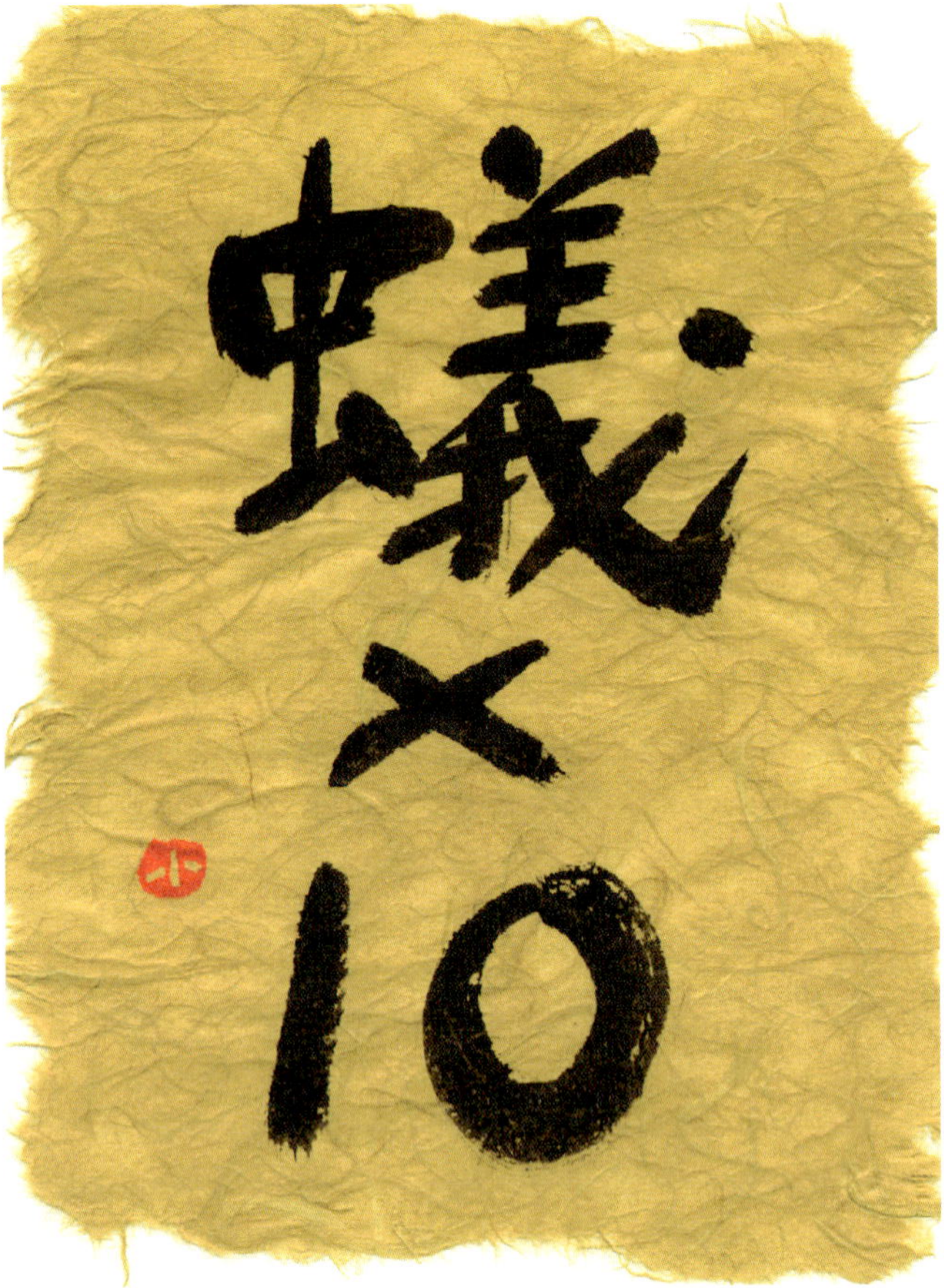

ありがとう

　ありがとう。ありがとう。ありがとう。ありがとう。ありがとう。ありがとう。ありがとう。ありがとう。ありがとう。

　これで蟻がトウです。てな駄洒落はここまでとして、人生は、ありがとうに尽きるのではないでしょうか。生をうけること自体が「有り難い」ことなのですから。

　仏教はお釈迦さま以来、難しいことをいっぱい説いてきていますが、信仰としての仏教は、究極すれば、感謝、つまり「ありがとう」に尽きるのではと小僧は思います。「有難う」と書くと固くなりますので、「蟻×10」と面白く書いています。

　諸行は無常です。生あるものは滅します。すべては移ろい変わります。今は変化の途中であり、状態にすぎません。晴れよし、雨またよし。好況よし、不況またよし。健康よし、病気またよし。仲良しよし、喧嘩またよし。ありがとう。ありがとう。

40

たのしく
ゆったり
有意義に

正覚

楽しくゆったり有意義に

多くの方々のおかげで、生かさせていただいています。

小さなちいさなご恩がえしをすべく、いろんな活動をしています。そんな時のコンセプトが「楽しく・ゆったり・有意義に」です。

「楽しく」は誰でも目指すことですが、「ゆったり」はあまり気にかけないようです。私たちは、何かと忙しくしています。忙しいことが立派なように考えられています。次からつぎへと忙しい毎日ですが、心はゆったりと過ごすことが大切と思います。

さらに重要なのが「有意義に」では。楽しくとゆったりは、自分のことです。有意義には、自分以外に役立つことと関連しています。仏さまからいただいたいのち。お役に立ちたい。いや、このいのちをお役に立てて使っていただきたい。と、思います。大したことなどできませんが、ボチボチやっています。

41

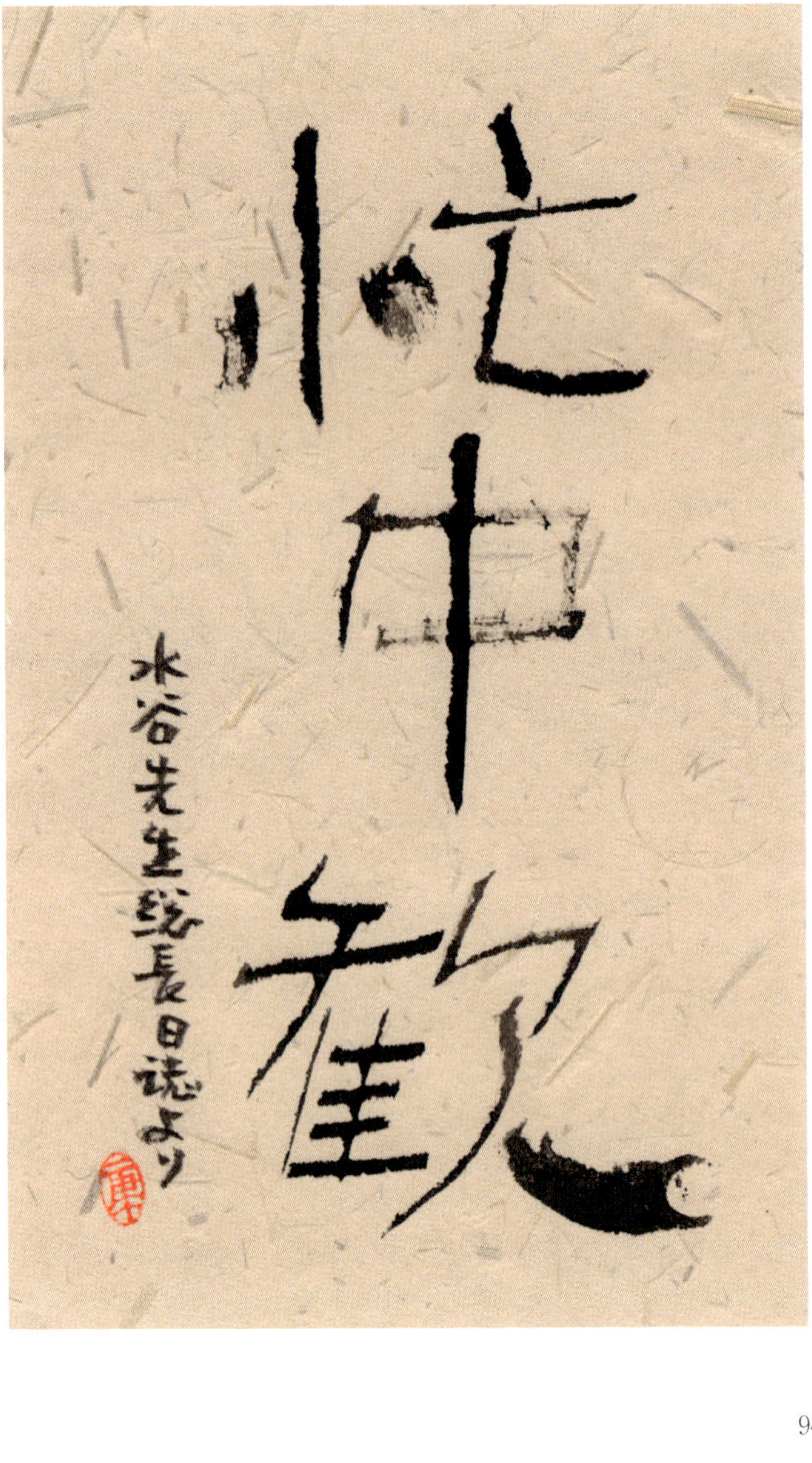

忙しさを歓ぶ

水谷幸正上人（浄土宗宗務総長）が総長日誌に書かれた言葉です。浄土宗のホームページで拝読した時、偉い人はさすがに違う、と感心しました。思わず「オーッ、すごい！」と声をあげたほどです。量も格段に多く、質も断然に深い仕事で公私ともにお忙しいのに、「忙中閑」でなく「忙中歓」とのこと。忙しさから逃げずに、忙しさを阿弥陀さまから与えられた使命と、歓ばれるその姿勢にお念仏を見ることができました。

それ以来、私も忙しさを歓ぶようにしています。と言っても忙中歓一年生ですので、グチを言いつつ、イカン、イカン、喜べよろこべと言い聞かす程度です。

阿弥陀さまはその人に相応しい役割を与えてくださいます。それをありがたく頂戴して、阿弥陀さまにお任せして、感謝しつつ生きてゆくだけです。

忙中歓。いい言葉ですね。南無阿弥陀仏

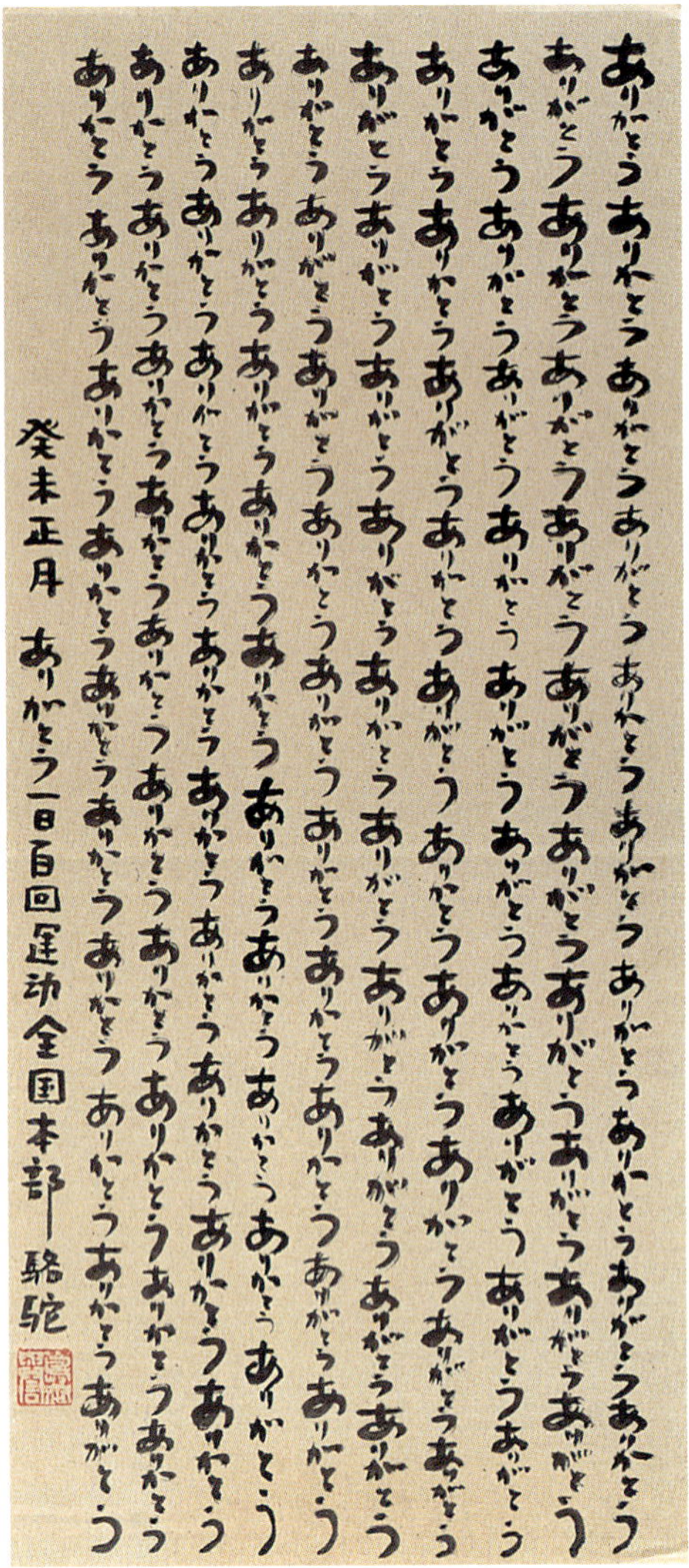
ありがとうありがとうありがとうありがとうありがとうありがとうありがとうありがとうありがとうありがとう
癸未正月　ありがとう一日百回運動全国本部　駱駝

ありがとう一日百回

仏法は、お任せ、感謝、いただきます、できるかぎりの恩返し。と頂戴しています。努力するのは当然ですが、阿弥陀仏にお任せして生きる。良いことも悪いことも何事も阿弥陀さまの計らいと感謝していただく。阿弥陀さまへの恩返しをできる範囲で世間様へ恩返しする。それが私の生き方です。中々できませんが、そうありたいと願う生き方です。「ありがとう」と感ずることが大切です。誰もが「ありがとう」と思うものは無く、自分が「ありがとう」と思うかどうかです。できるだけ多く「ありがとう」と言いましょう。できるだけ多くでは曖昧ですので、一日に百回「ありがとう」と言おうという運動をしています。一日百回はなかなかです。バスの運転手さんにも自販機にも自動改札機にも。ありがとう一日百回運動全国本部の会長をしています。といっても、会員は私だけですが……。「ありがとう」を言えばいうほど幸せに。駄文を読んでいただきありがとう。

43

文明と文化

こんな話を聞いたことがあります。

ギリシャの哲学者・ソクラテス（紀元前四六九頃〜三九九）がジャンボに乗って東京にやってきた。新幹線で京都へ行き京都大学でその哲学を講義した。よく理解してもらえなかった、という話です。

彼が活躍した時代から二千数百年たち、航空機・高層ビル・新幹線のような「文明」ははなはだしく発展したのに、哲学・思想のような「文化」は殆ど発展していないという譬えです。頭は進歩したのに、心は進歩していないともいえます。いや頭脳の面は伝承できるのに、心の面の伝承は難しいと言えば正確かもしれません。

その心の面の代表的なものが宗教ともいえます。科学に比べると簡単にみえる宗教は、実は難しいのです。法然さまの教えを信じてお念仏の日暮しできる私たちは幸せです。

44

西域のモナリザ

日本をはるかはなれた中国新疆ウイグル自治区タクラマカン沙漠にダンダンウイリクと称される仏教都市が残存しています。一八九六年にスウェーデンの地理学者ヘディンが発見、一九〇〇年にイギリスの探検家スタインが調査しました。以来、若干の踏査は行われましたが、大沙漠奥深くに位置することなどから本格調査は行われていませんでした。

二〇〇二年十月三十日、日中共同ダンダンウイリク遺跡予備調査隊が到達。日本人としては初のことです。踏査が目的でしたが、露出した壁画を発見、保護のために緊急調査を行いました。慎重に沙を取り除くと、次からつぎへ国宝級壁画が検出されました。

千数百年ぶりにお出ましになったみ仏のご尊顔を拝し合掌。保護処理を終えた壁画は、「新シルクロード展」で世界初公開、佛教大学で国際シンポジウムも開催。多くの方々のご尽力によりニヤ調査関連事業としてプロジェクトは今も継続中。ご縁に感謝！

45

お任せ感謝

タクラマカン沙漠は日本の面積の約九割という想像を絶する広さ。一昨年のことです。于田から北上すること約百二十キロ、どう表現したら的確か分からない悪路。道はあるものの沙漠同様。四輪駆動車で前進後退を繰り返して進みました。第二次調査隊のほかにＮＨＫや中国中央電視台の同行取材班・サポート隊など三十人近くが六台の車で前進。沙を吸い込み、度々故障。ついには一台から出火、消火も及ばず全焼。沙漠活動にかかせない水の半分と野菜すべてを失いました。駱駝にのりかえて三日目にダンダンウイリク遺跡へ到達。調査は成功しましたが、帰路またまた車のトラブル。残った五台も次々に故障、救援車も同様。直った車で隊員を順次送り、私が町へたどりついたのは午前四時。

そんな時も心はおだやか。これも阿弥陀さまにすべてお任せしているから。満天星をながめながらお念仏を申していました。ありがたいことです。南無阿弥陀仏

46

コップ一杯の水

灼熱の大沙漠で世界的文化財の調査を多くの皆様とともに永年してきました。蛇口をひねれば水が出てくる街とちがって一滴の水もない沙漠。ニヤ調査の最大時には六十人が三週間野営。必要となる水は六トンにおよびます。風呂も水洗トイレもなしで。顔を洗う水も支給されません。生命を維持する食事用の水だけです。百キロはなれた街から沙漠車と駱駝で運びました。食糧も調査機材も装備も。一部は日本から運びました。大金が必要となります。文部科学省や佛教大学から助成金をいただきました。ありがたいことです。

ちなみに六トンの水は都会生活の五十分の一だそうです。その時から水のありがたさが身につきました。日本にいる時もコップ一杯の水で歯をみがき顔もあらっています。別に不自由はありません。一杯の水も阿弥陀さま。ありがたいことです。コップも阿弥陀さま。ありがたいことです。みんなみんな阿弥陀さま。南無阿弥陀仏

47

電柱一本の日陰

佛教大学鳥取同窓会に呼ばれて、日本海沿いを念仏行脚していた時に描きました。夏の盛りで全身汗びっしょり。網代笠に錫杖、手甲脚絆、だぶだぶの法衣。まことに前近代的なスタイル。帯や紐で締め付けているため風もとおりません。これが野球帽にTシャツ、半ズボンならどれほど爽やかでしょうか。とグチを言いつつ念仏をさせていただく愚か者。

南無阿弥陀仏　南無阿弥陀仏　南無阿弥陀仏

真夏の昼下がり。身体がやっとかくれる電柱の陰。南無阿弥陀仏と錫杖をならし虫さんたちにご挨拶。ザックをおろし生暖かい水を頂戴し、ハァーハァーハァーと深呼吸。眼をとじ暫しの休憩。わずか三十センチの日陰がありがたい。クーラーを効かせた車が「あの人、何者?」と走り去ってゆく。もう一度お水を南無阿弥陀仏といただく。衣体をととのえザックをせおい網代笠をかぶる。電柱一本の日陰に南無阿弥陀仏と感謝して出発。

ありがたき
夢の世
なれば
手を合わせ
今この時に
いのち燃やさん
大根さん
人参さん
食べさせていただき
ありがとう

いただきます

インド仏教聖地巡礼から帰って、二年ほど断食のまねごとをしていました。同行の方々の多くが自分は正月三箇日は食べない、自分は時々食べない、誕生日はぬく、と話しておられたことに影響をうけてです。毎週火曜日、何も食べませんでした。効果はすぐ現れました。たった一日三食ぬいただけで、腹はペコペコ。翌日の朝食、ご飯にもいただきます、味噌汁にもいただきます、おかずにもいただきます、と自然に手を合わせることが出来ました。自分でも驚きました。戦後の食糧難のなかで育ち、ひもじかったことをすっかり忘れていました。

僧侶になったのはその後のことですが、五観の偈につづき「我ここに食をうく慎みて天地の恵みと人々の労に謝したてまつる」を唱え、お十念してからいただいています。太陽や空気……のおかげ、世界中の多くの人々のおかげと思うと、本当に有難いことです。

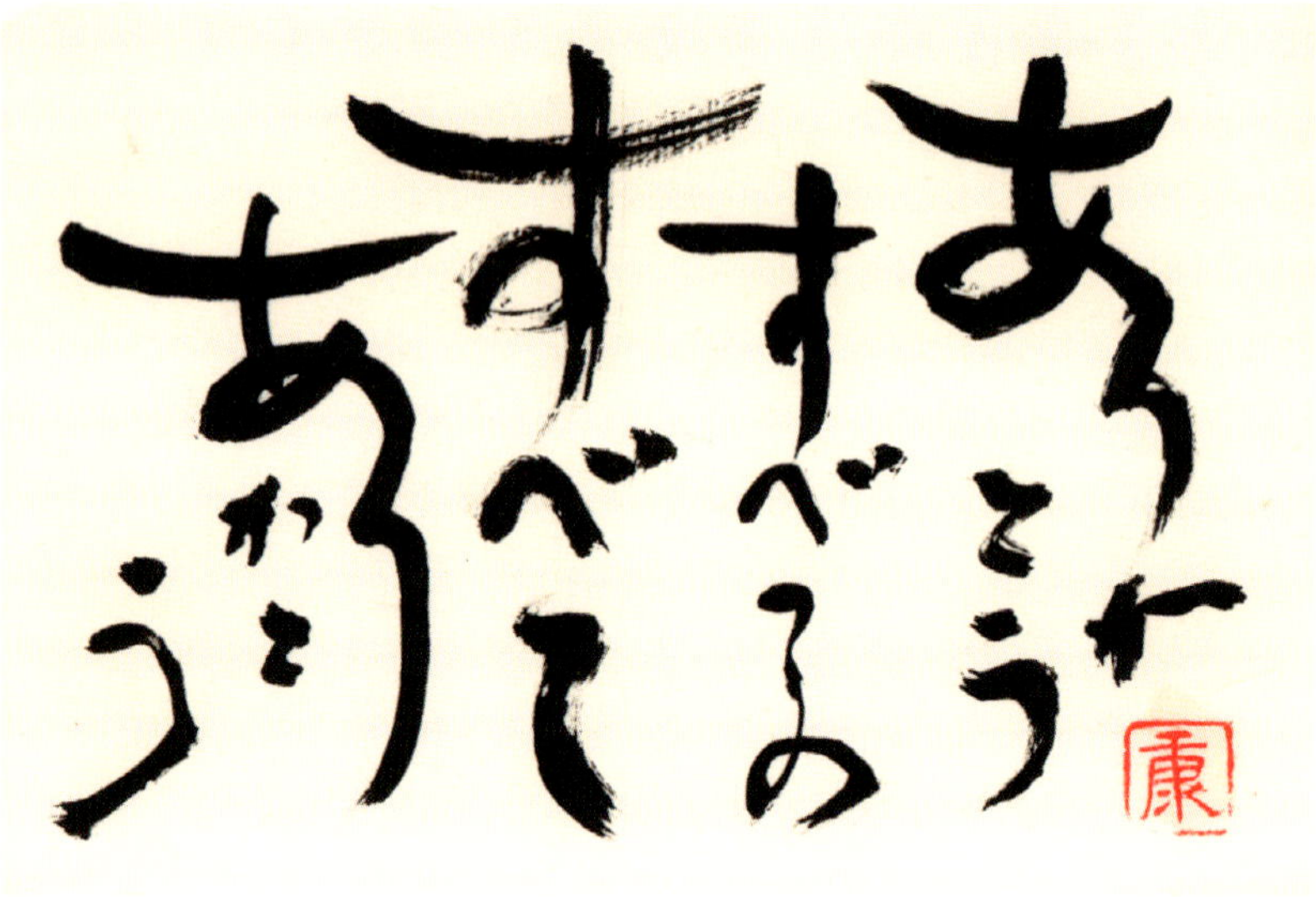
ありがとう
すべての
すべて
ありがとう
康

ありがとう　すべてのすべてありがとう

娑婆といわれ、火宅とたとえられるこの世の中、いやなことも山盛りあります。いやだいやだと思えば、ドンドンいやになります。いやなこと、嫌いなこと、都合のわるいこと、怒りたくなることも、阿弥陀さまがこの私にくださったお計らいと、有難く頂戴するようにしています。

僧侶になるまえは、怒ってばかりいました。愚痴ばかり言っていました。悪口ばかり言っていました。僧侶の末端に連ならせていただき、お念仏を申しているうちに、何事も有難く頂戴できるようになりました。お念仏の功徳というのでしょうか。

「火の車つくる大工はなけれども　己がつくりて己がのりゆく」と聞いたことがあります。そのとおりですね。ありがとうと頂戴するか、火の車と感じるかで、まったく違ってきます。ありがとうすべてのすべてありがとう。南無阿弥陀仏

50

シルクロードに魅せられて

阿弥陀経などを訳出された中国四大訳経家のひとり鳩摩羅什三蔵法師ゆかりのクチャ・キジル千仏洞修復に協力したことがご縁となり、「日中共同ニヤ遺跡学術調査」を一九八八年に開始しました。ニヤ遺跡は西域三十六国のひとつ「精絶国」。およそ二千年前に栄えた仏教都市の遺跡です。東西約七キロ・南北約二十五キロという広大な範囲に寺院・墓地・住居など約二百五十の遺構が残存し、世界最大の木造都市遺跡です。

多くの方々に尽力いただき、日中間の最大規模の文化財保護研究事業として、正確な遺跡分布図作成・寺院や墓地発掘・国宝級文物多数収集……など大きな成果をあげ、現在も関連遺跡調査や図書の出版などをつづけています。毎朝、仏塔でお念仏を唱えました。時にはテントの外で寝ました。満天星を眺めて、お念仏するのは至福の時。やがて世界遺産に登録されることでしょう。世界的文化財の保護研究もお念仏の実践かと。

51

おおいなる

おおいなるものにいだかれあることを　けふふくかぜのすずしさにしる（無文老師詠）

ビジネスを創業したところは、悩みの連続でした。売上不振・資金不足・人事管理……と。そんな時に山田無文老師（一九〇〇～一九八八）のテープを聞きました。老師は長患いで、苦しまれたそうです。吹いてきた風に仏さまの大きな慈悲を感じられたそうです。

もう四十年近く前のことですが、無文管長（臨済宗妙心寺派）のお声は忘れられません。大慈悲は仏さまの大きな働き、暖かい配慮。略して大悲。自分で生きているように思っていた自分から、大きな大きな仏さまの掌の上で生かされていると教えていただいた自分への転換でした。肩から疲れが消えた瞬間でした。何回も何回も聞きました。

大きな慈悲はいたる処にあふれています。ほんとうに有難いことです。南無阿弥陀仏といただいて、南無阿弥陀仏に導かれて、生かさせていただいています。

Ⅳ　この道は

精進一年
開花数日

精進一年開花数日

今年も桜を楽しまれましたか？

開花目前の蕾を観ていて、ふと思いました。

花の季節だけはチヤホヤされるけど、他の時は見向きもされない桜。花開くまでに一年の営み。いや苗からは数年。さかのぼれば三十数億年の生命。

あれをみよ　みやまのさくら　さきにけり　まごころつくせ　ひとしらずとも

という古歌があります。

松原泰道老師（南無の会会長）に教えていただいたのはもう十数年前。九十八歳の今も仏の道を説かれるそのお姿と重なって、私の杖言葉のひとつです。

咲こうと咲くまいと、精進だけはしよう、と思いました。桜は人々に見てもらうために咲いているのではないのだから……。

53

違いを認めあい

夜も明けきらぬ頃、駱駝使いさんたちのコーランが響き、私がお念仏を唱えます。不思議といえば不思議な一時です。宗旨は違ってもそれぞれに尊重しあい認めあい、共《とも》生《いき》することが大切と思います。火をおこし炊事の準備。日の出の頃、皆が起きてきます。零下五度。お粥と昨日の残りの羊肉を食べ調査を開始。昼食はインスタントラーメンとりんご。その頃は三十五度。夕食は羊肉丼。その後、打合せとパソコンでの情報整理。就寝は十二時頃。水が貴重品のため、食器を洗うのも沙。もちろん風呂も洗顔も無し。そんな生活を三週間も。沙漠での調査はこんな調子です。

第三次ダンダンウイリク調査の帰りは駱駝に乗らず二日間歩きました。沙漠車乗り継ぎ地点まで直線で三十三キロ、ジクザク歩行距離では約五十キロ、越えた大沙丘が二十九。駱駝四十頭をしたがえての念仏行脚は楽しいものでした。南無阿弥陀仏

（撮影・稚内の方）

つづける

鹿児島・佐多岬から念仏行脚をつなぎ北海道・宗谷岬へ到達したときの写真です。八月というのに風のつよい寒い日でした。海鳥二羽に歓迎して頂きました。感謝の報告をしました。日本各地から最北端の地を訪れる人の写真を撮っているという稚内の方に写して頂いた日本縦断での唯一の写真です。すごい蟹股ですね。かなり痩せていますね。錫杖で光っているのは夜道を歩く際の反射テープです。これは現代行脚僧の必需品。団体できてみえた僧侶の方は涙をながされ、宿屋代にと大金を頂戴しました。

地図の距離数を合計したら約三千二百キロ。小柄な私の一歩は約五十五センチ。歩数にするとおよそ六百万歩。一声一声、お念仏を唱え、一歩一歩、歩いていったら宗谷岬へ着きました。小さな一歩をつづけた結果です。つづけることが大切なのですね。

今のこの一歩を。

ごみすては
自分の
心を
すてている

桂山孝幸くん

ごみすては

お念仏をさせていただきつつ福島県は白石市を歩いていました。車用の休憩所があり休ませていただきました。わざわざ車用と書くのは、車用は日本中いたる所にあっても人用の休憩所は殆ど無いからです。隅に座りこみ、排気ガスを浴びつつ、途中で供養いただいたパンを食べました。トイレを使わせていただきました。

入口に白石市立斎川小学校二年・桂山孝幸くんの大人への警鐘が掲げられていました。「ごみすては　自分の心も　すてている」。本当にそうですね。

駐車場はゴミ捨て場でないことは、誰でも知っているのに、どこもひどいものです。道端も公園も。コンビニの袋に入った弁当。雑誌・家庭ゴミに大型家電。使い捨てのオムツまであります。大型トラックのフロントに○○連合会などと運転手さんの親睦団体のシールが貼ってありますが、団体の運動として、駐車場のゴミ掃除をしてほしいで～す。

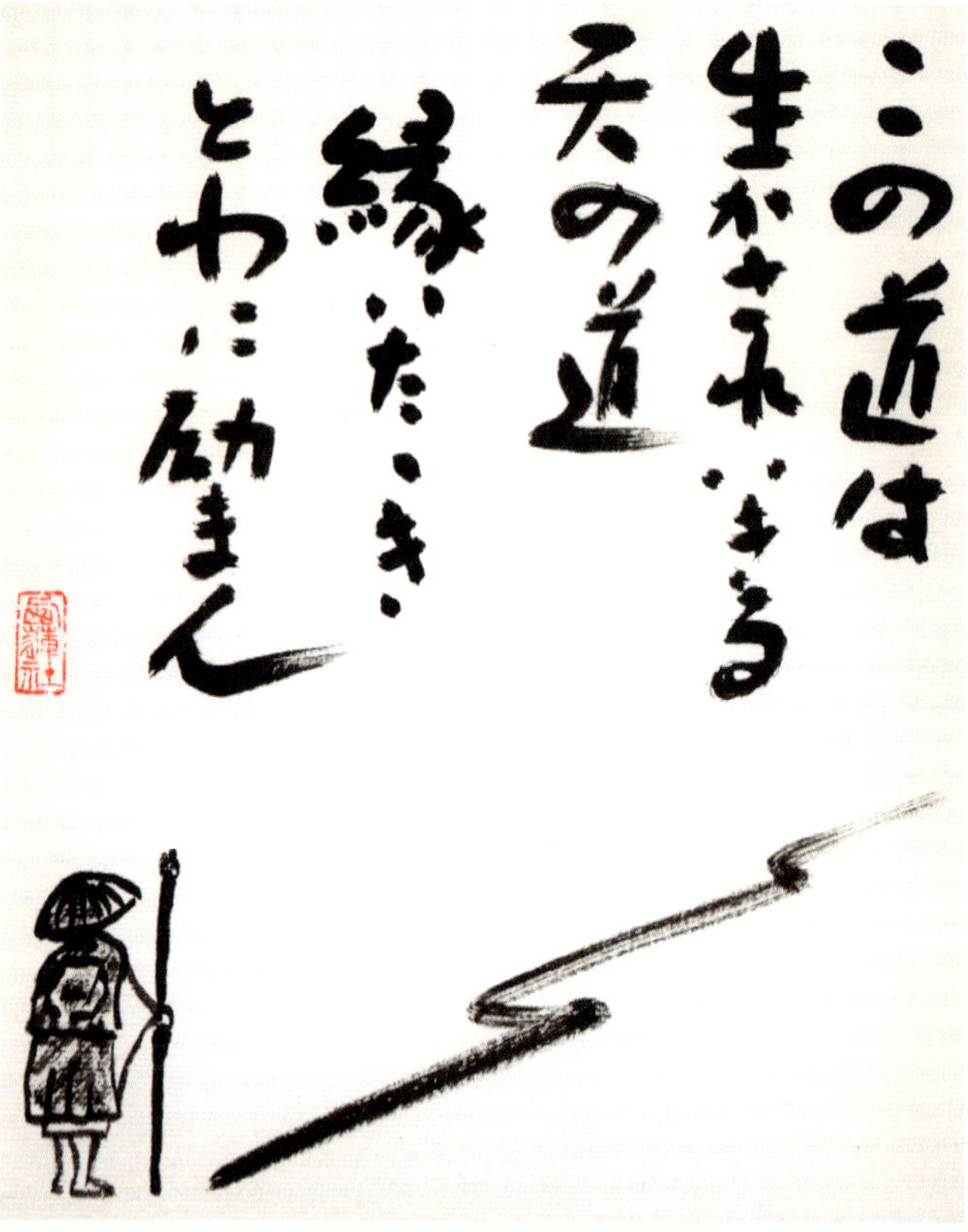
この道は
生かされいきる
天の道
縁いただき
とわに励まん

この道は

現在の地球の人口は、約六十五億人と聞きました。日本人は、一億二千七百万余だそうです。大変な数です。

それぞれの方にそれぞれの人生があります。ついつい比較しがちですが、それぞれが貴いと思います。民族・国籍・性別・年齢はもちろんのこと、出身地・職業・学歴などで差をつけるのは、おかしなことです。

お互いに助け合いながらも、貴方はあなたの道を行く、私はわたしの道を行く。幾億もの縁《えにし》が重なって生かされ生きている。今この時。ここにいるこの私。

道は遠く果てしなくても、一歩一歩あるいて行く。

希望を失わず、目的をしっかり持って、目標にむかって歩いて行く。それが実現しようと、しまいとも。今の一歩。仏の道。天の道。

57

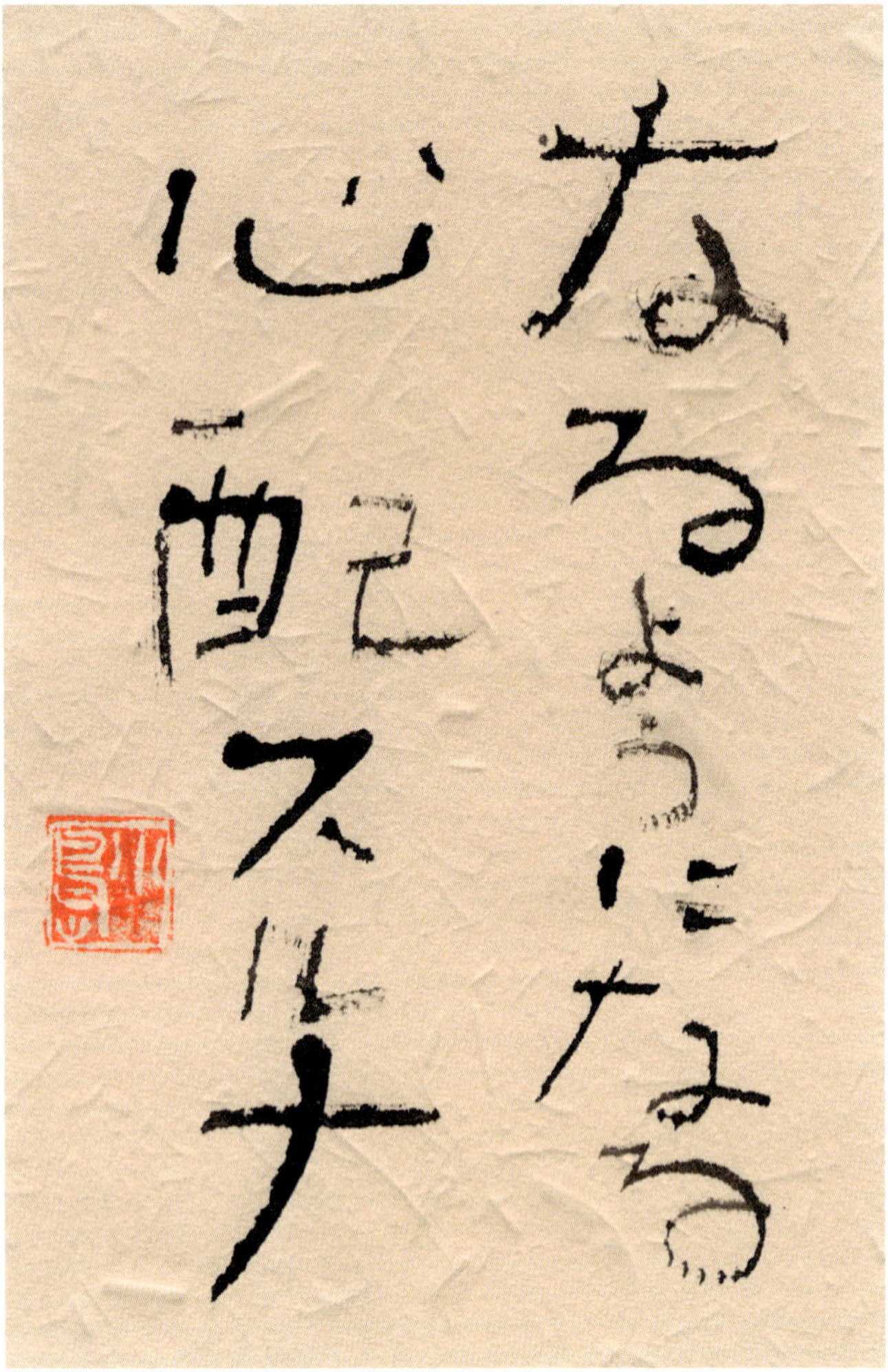

心配するな

三十年間、多くの人のご協力のもと会社経営をしてきました。創業のころは、資金繰りに血のでる思いをしました。一万円、千円まで集めて、銀行閉店後に通用口から決済資金を届けたことも度々。資金繰りの苦しさは本当につらいものです。誰にも言いませんでしたが、質屋さんの世話になったこともあります。社員さんが数百人となると、人の悩みです。誰と誰が仲たがいしているとか、人事に不満をもっているとか。株式市場に上場すると、社会的責任が増大し、その心労は並大抵のものでは……といった具合です。

そんな時、対策をとるのは当然ですが、最後にいつも言い聞かせました。

「なんとかなる。なるようになる。なるようにしかならない。心配するな」と。

生老病死に代表される苦悩は生きているかぎりつづきます。阿弥陀さまにお任せして生きていきましょう。ご精進を祈念いたします。南無阿弥陀仏　南無阿弥陀仏

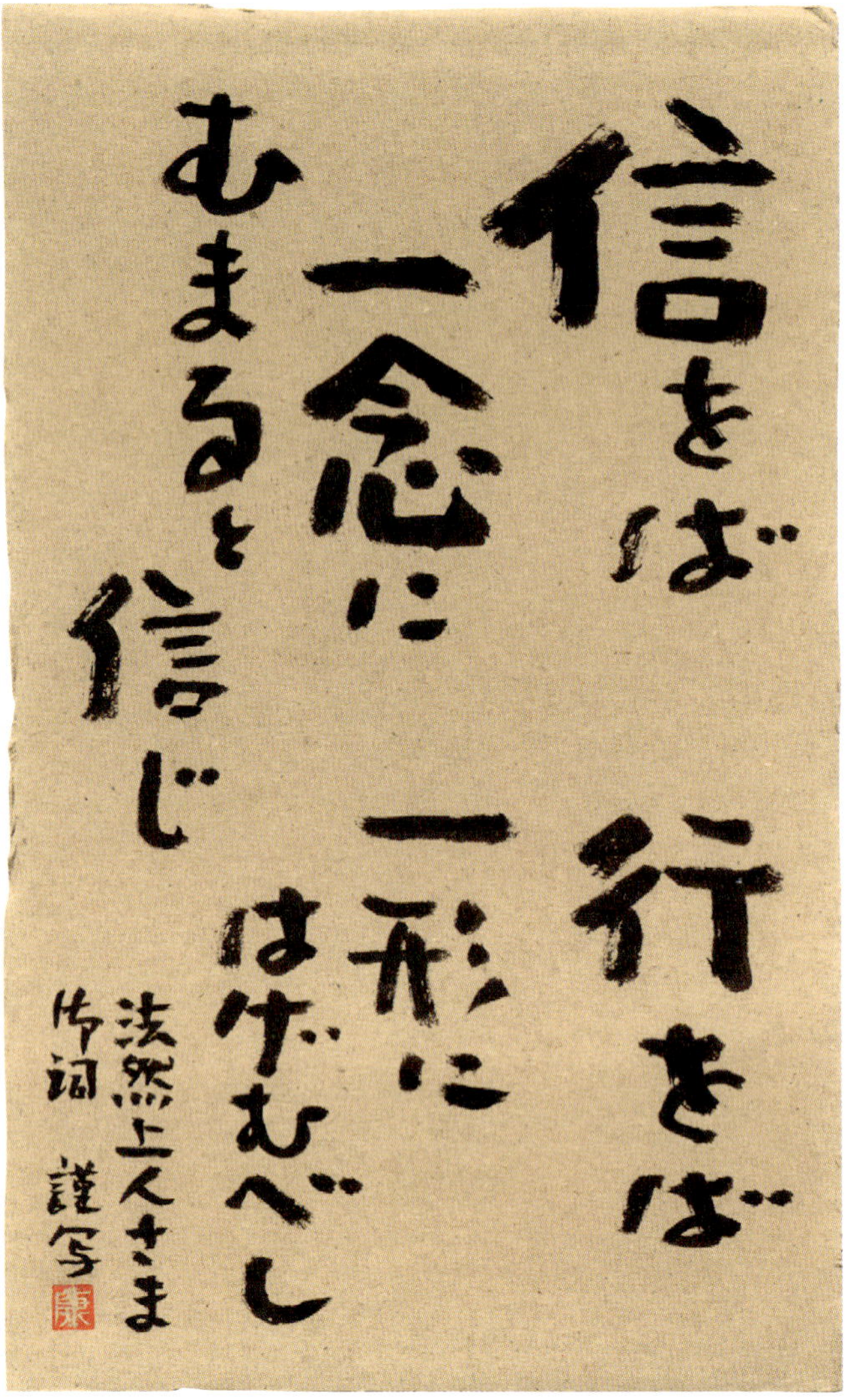
信をば
一念に
むまると信じ
行をば
一形に
はげむべし
法然上人さま
御詞 謹写
康

信じて励む

法然上人さまの「つねに仰せられける御詞」の中のみ教えです。

信心は一念で浄土に往生することができると信じなさい、お念仏行は一生涯にわたって励みなさい、とのお言葉です。

霊鷲山での不思議な宗教体験が縁となり、中年新人僧とならせていただきました。当初はウロチョロしていましたが、この言葉に出会ってから、お念仏で生きて行くと人生が定まりました。私にとっては記念碑的み教えです。比叡山で「智慧第一」と称された法然上人さまが、二十五年も黒谷にこもられ辿りつかれた境地を小僧があれこれ考えても追いつけません。それならマルッと信じて頂戴するだけです。

南無阿弥陀仏　南無阿弥陀仏　南無阿弥陀仏　南無阿弥陀仏　南無阿弥陀仏
南無阿弥陀仏　南無阿弥陀仏　南無阿弥陀仏　南無阿弥陀仏　南無阿弥陀仏

（撮影・楊新才氏）

微力を

シルクロードの友人との会話。
彼・貴方はなんためにそれほどまでに新疆のために尽くすのか?
私・為人民服務!　人々のために!
彼・それは毛沢東のとなえたスローガンだ。
私・人々のために!　為人民服務!
彼・実践する人は少ない。だからスローガンとなった。
私・人は人、私は私。人に尽くすのは人の道だ。僧侶の道だ。
彼・なんのために?
私・お念仏の実践だ。自分のためにも。微力を尽くすだけ。
彼・……。

アキラメル
こぞう

あきらめる

「諦める」と書きます。どことなく消極的なイメージがあります。しかし、全能でない私たちにとって諦めることは大切な人生の智恵のように思います。

「明らめる」とも書きます。物事を明らかにすることです。実はこれが重要ではと考えています。明らかにすれば頭のなかが整理されます。心のもやもやは消えさります。

私は一時間ほどのちに日本へ帰ります。飛行機は落ちるものと明らめています。あんな重いものが空をとぶこと自体がおかしいのです。落ちて当然です。そう明らめれば気楽なものです。こんな話をしたら縁起でもないとの反応が返ってくるでしょうが……。同じように人は死にます。全ての組織はつぶれます。花は散ります。物はなくなります。全ては変化の過程です。諸行は無常と説かれています。

だからこそ、今この時を全力で生きたいと願う小僧です。でも実行はなかなかです。

61

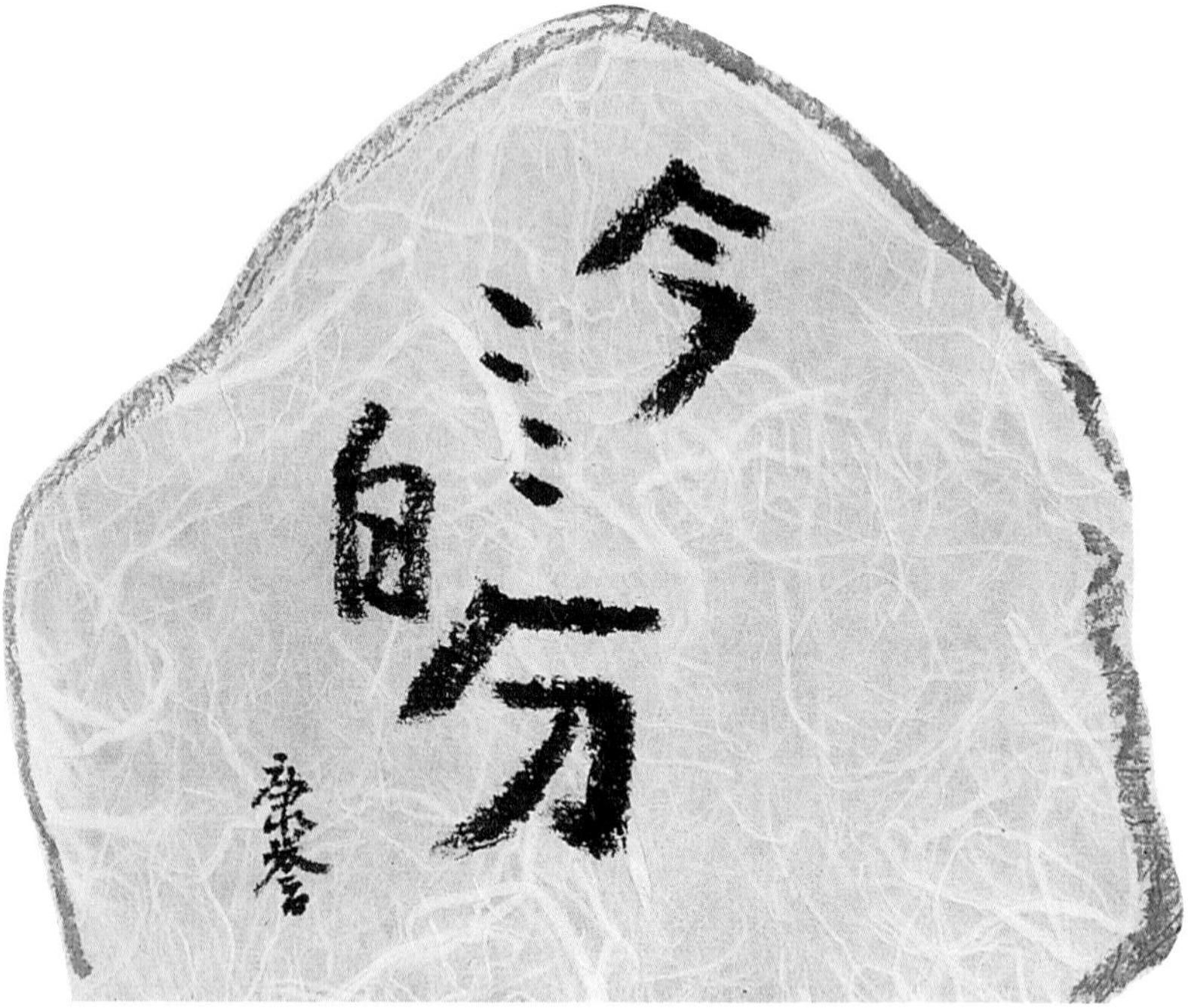

今ここ自分、と心に岩にきざみたい

存在するのは今
存在するのはここ
存在するのは自分
　今を大事に生きたい
　ここで生きたい
　自分がしっかりと生きたい
明日やかなた、他人に求めるのでなく
と思う自分がいて
そんなの無理と思う自分がいて
お念仏に救いを求めるこの私

手を
ゆくてを
しめす
恥いり
ふして
手をあ
わすのみ
小

キジルのみ仏に手を合わせ

敦煌・龍門・雲崗とならぶ中国四大石窟のひとつに数えられるキジル千仏洞は思い出の地です。日本人をふくむ外国探検隊の文物持ち出しなどで荒廃していました。

二十年近く前、その壁画の素晴らしさと、恵まれない中で必死に保存している人々に感激して、修復のための協力会を立ち上げ、多くの方々のご協力をいただき一億円余を贈呈させていただきました。見事によみがえり現在では日本人をはじめ多くの観光客が訪れています。壁画の中には、闇夜に迷う商人に道を示すため自らの手を燃やすお釈迦さまの前世の姿が描かれています。お釈迦さまの尊さを物語にしたものです。

藤堂恭俊台下（増上寺第八六世法主・一九一八〜二〇〇〇）から頂戴したお歌に「時は今南無阿弥陀仏と踏み進む　とりかえられぬ旅を続けん」があります。鳩摩羅什三蔵法師ゆかりのキジル千仏洞を訪れる度ごとに、精進せねばと思う小僧です。南無阿弥陀仏

63

悩んで悩むな

康

悩んで悩むな

人間社会は中々です。「山あり谷あり」です。大きなおおきな命をいただいてから浄土に往生するまで、悩みの連続ともいえます。赤ちゃんが泣いて生まれてくるのは、人生が悩みにみちているから、と思うほどです。

この小僧も悩んだことは度々ありました。何事も徹底してやらないと気のすまない性質のため悩みも尋常ではありませんでした。

お念仏に出会い、お念仏に導かれているうちに悩みを整理できるようになりました。悩みが考えに転換し、モヤモヤが一覧表で表現できるようになりました。こうなると悩みは霧散し、楽しいことばかりです。お念仏はまことにありがたいものです。法然上人さまに三拝九拝するばかりです。この拙い本も、お念仏の有難さの一端をお伝えできればと思い書いています。南無阿弥陀仏　南無阿弥陀仏

増川正十郎先生 ご苦労さま会

経営思考

永年ご指導いただいている塩川先生が引退された際、「塩川正十郎先生ご苦労さま会」を開催しました。先生は「国もプラン・ドゥ・シィのシィつまり点検が大切、主計官に実施させた」と話されました。国家や各種組織に限らず個人も経営思考が必要と思います。

創業したころ、経営と思考の三原則を考えました。利益経営＝〝公〟の資本を運用して経営している以上、利益を生みだすのは義務、お客様・社員・会社・社会のためにも利益はなくてはならない。計画経営＝計画のない処になにも生まれない。公開経営＝皆が納得して経営してゆくために、経営全般を公開してゆく。経営思考＝人生経営意識をもち、主催者として、自分の仕事を、家庭を、社会を経営しよう。積極思考＝目は体の前にある、前を見よう、未来を見よう、良い風に良い風に考えよう。能力開発思考＝求める者に必ず道は開ける。これらは人生経営にも通じると思います。今も私の行動規範です。

65

ご縁を大事に

「金は天下のまわりもの」と言います。「金が仇の世の中」では、金が無くては生きていけません。それぐらい大切なものですが、もっと大切なものは「ご縁」では。

「縁は天下のまわりもの」と書いてみました。ご縁はぐるぐると回っています。皆みんな仏さまのご縁。それをつかむ人もいれば、逃す人もおられます。ご縁を大事にするよう努めています。義理や人情を大事にするよう努めています。ご縁を結んでいただいた方を忘れないようにしています。何か結果がでた時は、ご縁を結んでいただいた方にも報告するようにしています。ご縁がご縁をよび、幸せな毎日です。

義理と人情に生きています。「受けた恩は岩に刻み与えた情けは水に流せ」とはどなたかの言葉。ご縁・義理・人情・ご恩。なんと古いことを、とおっしゃる方には「ご縁・義理・人情・ご恩を大事にする人にお金も幸せも入ってくる」と申しあげましょう。

66

時代の転換期

ＮＨＫの人気番組「ラジオ深夜便・こころの時代」に出演した際、不況に苦しまれている方々に一言と質問を受けました。世間では不況といわれていますが、そうではなくて「時代の転換期」だと思います。この二百年間で、明治維新、先の終戦につづく三回目の大転換期と思います。社会貢献を経営理念にかかげ、実践し、変化に対応し、新しい戦略を展開している企業や大学や行政……は順調に伸び、変化についていけないところはジリ貧なわけです。そんな時期に三十年も社長を続けた者より新しい人が経営を担当したほうが、新しい発想で新しい経営ができ、企業にとっても社会にとっても良いと考えて社長を退任しました。社員さんのおかげで業績も順調で、五十四歳で、取締役としても残らず、親族以外が継ぐということで、記者から質問が続出。世間と違ったことを行うと理解をえるのはたいへんです。法然さまが旧勢力から非難されたのも、革新的だったからでしょう。

67

前へ前へ

私の経営の先生は松下幸之助翁（一八九四～一九八九）です。提唱されたPHP運動（繁栄によって平和と幸福を）に賛同、『PHP』を頒布していました。教えを松下グループ幹部に教育していると聞き、公開を要望し、「PHP経営道ゼミナール」が開催され、その第一期生です。その後も何回か受講し講演もしました。幸之助翁はもうその頃は入院しておられ、テープで経営の根幹を教えていただきました。こんな話がありました。大阪港の出島でセメント運びの臨時工をしているときに、海へ落ちたが助かった、自分は運が強い、これなら必ず成功すると感じられたそうです。普通なら、貧乏ゆえに子供ながらに厳しい仕事をせざるをえず、海へ落ちてしまった、何と悲しいことかと思うところです。それを助かった自分は運が強いととらえられた、その前向きな積極的な考え方に感動しました。

法然さまゆかりの東山を借景とする幸之助翁別邸「真々庵」での思い出です。

他人
自己

他は己ならず

人間社会は複雑です。毎日、いじめや事件・犯罪など暗いニュースが報道されています。人づきあいは難しいものです。スイスイと通る方もおられますが、私は苦手です。そんな時、「他は己ならず」という言葉を思い浮かべます。他人は自己ではないのですから、思うようにならないのは当然のこと、と「明らめる」ようにしています。

人と人との関係に限りません。組織間でも国家間でも同じことです。これを書いている今も、我が国とアメリカは牛肉輸入問題で対立しています。ロシアとは領土問題で、中国・韓国とは領土と歴史問題で対立しています。世界中の国々も同様で、多くの国で戦争が行われています。戦争に賛成の人はいないと思いますが、戦争はたえることなく続いています。国が違えば、国益が異なるわけで対立が生じることになります。

他は己ならず。南無阿弥陀仏で社会を世界を明るくしたいものです。

69

（撮影・杉浦一隆氏）

この山の向こうに

ご清祥の御事とお慶び申しあげます。この拙い本をお読み頂きありがとうございます。

毎日毎日、お互い忙しいことです。

必ずしもうまくは進みません。山あり谷ありの毎日です。グチのひとつも言いたくなります。でも、うまく進まないから面白いし、山あり谷ありだから甲斐があるということでしょう。

念仏しつつ一歩一歩、歩いていく。この山の向こうに何が在るか知らないけれど、一歩一歩、歩いていく。

楽しきかな人生、素晴らしきかな人生。

と自分に言い聞かす今日この頃です。

お元気で。

あと一歩

「まず一歩」で始まったこのへんな本も最後となりました。お付き合いくださってありがとうございます。感謝申しあげます。私はまことに愚か者。お念仏を申させていただき約二十年、ようやくそれが分かりました。愚者の入口にたどりつきました。ありがたいことです。南無阿弥陀仏。でも時々、いや自分も努力している、それなりの者だ、といった心が湧き出てきます。お念仏が足りないからでしょう。恥ずかしいかぎりです。

あと一歩、精進します。あと一歩、前へ進みます。前へ前へ進みます。ジクジクと躊躇するときには、あと一歩、もう一歩と自分に言い聞かせます。自分で自分を励まします。

自分で自分を応援します。自分で自分を叱ります。お念仏に励みます。

お釈迦さま、阿弥陀さま、法然さまのお力を頂戴しながら「あと一歩」踏み出します。

南無阿弥陀仏　南無阿弥陀仏　南無阿弥陀仏……

あとがき

南無阿弥陀仏　南無阿弥陀仏　南無阿弥陀仏　南無阿弥陀仏　南無阿弥陀仏
南無阿弥陀仏　南無阿弥陀仏　南無阿弥陀仏　南無阿弥陀仏　南無阿弥陀仏

つたない本をお買い上げいただき、お読みいただき心から感謝いたします。

折々に書きつらねた未熟な文・絵・書・写真をまとめたものです。求められるまま友人にだしていた「駱駝だより」がある経営誌に連載され、それをご覧になった方から出版したらとお勧めいただいた結果が、この小著となりました。ご縁に感謝いたします。

パソコンという便利なものがあり、ここ数年あちこちの出先で書きました。そのためと浅学のため重複や至らぬ部分も多々あります。ご指導くださいませ。

私の人生で最大の出会いは、インド霊鷲山でのお釈迦さまとの出会いであり、佛教大学で阿弥陀さまに、そして法然さまに出会えたことです。ありがたいことです。お寺の生まれでもないのに、大戦末期のせいか「健康で名誉ある死に方を」と父母が康誉と。変わった名前と思っていましたが、僧侶になって知った誉号の尊さ、ありがたいことです。

水谷幸正上人には、お念仏の道はもとよりキジル千仏洞修復からニヤ遺跡調査・ダンダンウイリク遺跡学術研究にいたる世界的文化財の保護研究事業を長きにわたりご指導ご支援をいただきました。このたびは、身に余る序文をお寄せいただき光栄に存じています。恥ずかしいかぎりです。ありがたいことです。

私があれやこれやとやってこられたのは、多くの方々のおかげです。御礼申しあげます。出版にあたりご指導いただいた本多廣賢師・前岡宏和氏と『シルクロード・ニヤ遺跡の謎』につづき出版を引き受けていただきました東方出版・今東成人社長やスタッフの皆様に感謝いたします。

これからも小僧として、念仏の道をヨチヨチと歩いてゆきます。お導きくださいませ。駄文をお読みいただきました皆々様のご健勝を祈念いたしております。　合掌三拝

南無阿弥陀仏　南無阿弥陀仏　南無阿弥陀仏　南無阿弥陀仏　南無阿弥陀仏
南無阿弥陀仏　南無阿弥陀仏　南無阿弥陀仏　南無阿弥陀仏　南無阿弥陀仏

平成十八年春四月　　西蓮社康誉正覚（俗名・小島康誉）

小島康誉（こじま　やすたか）
浄土宗僧侶、佛教大学ニヤ遺跡学術研究機構代表、客員教授、中国新疆ウイグル自治区政府顧問。1942年生まれ。佛教大学仏教学科卒業。24歳で宝石の鶴亀（現社名:あずみ㈱）を創業し上場企業に育て上げ、創業30周年を機に社長を退任。45歳で得度。新疆ウイグル自治区を百数十回訪問し、世界的文化財保護研究・人材育成・日中間相互理解促進で多くの活動を実践。
主な編著書に「21世紀へ生き残る企業とは」（『人生の道・経営の道』PHP研究所）、『命燃えて』（プラス出版）、『日中共同ニヤ遺跡学術調査報告書』（中村印刷）、『シルクロード・ニヤ遺跡の謎』（東方出版）、『シルクロードに燃える』（ラジオ深夜便 CD・NHK サービスセンター）、『日中共同ダンダンウイリク遺跡国際シンポジウム発表要旨』（佛大ニヤ機構）。

念仏の道ヨチヨチと

2006年（平成18年）５月23日　初版第１刷発行

著　者——小島康誉

発行者——今東成人

発行所——東方出版㈱

〒543-0052　大阪市天王寺区大道1-8-15
Tel. 06-6779-9571　Fax. 06-6779-9573

装　丁——濱崎実幸

印刷所——亜細亜印刷㈱

落丁・乱丁はおとりかえいたします。

ISBN4-86249-013-1